Dear Thierry,

What we started we couldn't finish. These things happen in life. The very fruitful period that we worked together is delivered its results. We are on the road and the basis is realy solid. It is a pitty that after your vacation you were disturbed by your knee injury. I hope that it quickly improves. Furthermore you will enter a new phase in your life, new challenges and new opportunities. Good luck, I wish you all the best.

Erik Louwerens.

australië
een reis boordevol smaken en recepten

Sebastian Dickhaut   Michael Boyny

Colofon

Een uitgave van DE LANTAARN, Soest
Oorspronkelijke titel *Australien. Genussreise & Rezepte*

© 1999 Walter Hädecke Verlag
Redactie: Monika Graff
Styling eten: Sebastian Dickhaut
Foto's: Michael Boyny
Foto Michael Boyny: Sabine Brasseler
Vormgeving: Juscha Deumling, JAM, Büro für Art Design

Copyright Nederlandse uitgave
© 2005 De Lantaarn b.v., Soest
Vertaling: Studio Imago, Michiel Postma
Redactie en opmaak: Studio Imago, Amersfoort

Niets uit deze uitgave mag worden verveelvoudigd, opgeslagen in een geautomatiseerd gegevensbestand, of openbaar gemaakt, in enige vorm of op enige wijze, hetzij elektronisch, mechanisch, door fotokopieën, opnamen, of enige andere manier, zonder voorafgaande schriftelijke toestemming van de uitgever.

NUR 442
ISBN 90 5246 331 8

Ta!

Dit boek was een uitdaging die we alleen met behulp van talloze hulpvaardige mensen hebben kunnen volbrengen. De *Australian Tourist Commission* heeft voor ons vele deuren geopend en ons vaak verder geholpen. Waardevolle informatie kregen we verder van de *Deutsch-Australische Handelskammer* in Sydney.

Christine Manfield, chef van de Paramount in Sydney, heeft veel tijd voor ons vrijgemaakt en draaide zelfs voor een ritje in een four-wheel-truck haar hand niet om. Dat een moderne Australische ook schatbewaarder kan zijn van oude familierecepten bewijst Dorothy Chesseoo in Mona Vale. Het walpiri-volk bood ons een uniek inzicht in de cultuur van de oerinwoners van Australië. Met een stoomcursus over de situatie van de aboriginals in de Red Centre heeft Aaron 'White Stallone' van de Red Ochre Grill in Alice Springs ons totaal verbluft. Hij zorgde zelfs voor het enige witte tafellaken in de wijde omtrek! In de *outback* van South Australia leerden we op de farm van Colin Schubert en Brenda Pingilly de ware *Aussie*-spirit kennen.

Nicole Beyer en Kim Marriot stelden hun prachtige huis in Melbourne ter beschikking als fotolocatie. In Sydney vertrouwden Ushi en Alexander Hofmann ons hun zilverbestek en zelfs de tuitbeker van hun dochter toe. De culinaire discussies met Alexander waren een belangrijke basis voor dit boek.

Nadat Hädecke Verlag ook van ons idee overtuigd was geraakt, kregen we grotendeels de vrije hand – wat wil je nog meer! Juscha Deumling lukte het 'ons Australië' te vangen en in een prachtige vorm te gieten.

Maar allereerst willen we onze partners bedanken, die het mogelijk maakten dit boek tot stand te brengen. Daar is eerst Sabine, die Michael op de maandenlange reizen door Australië ondersteunde, inspireerde en op beslissende momenten met zachte dwang de Yogaleeuw liet brullen. En natuurlijk Sieglinde, die Sebastians gedachten de vrije loop liet gaan, voor gelukkige momenten zorgde en zich dapper alle ontberingen en eindeloos durende trips liet welgevallen.

Zij en al die anderen die ons hebben geholpen, aangemoedigd en begeleid, danken we uit de grond van ons hart met een hartelijk Australisch 'Ta!'

inhoud

brief aan matilda – sydney in augustus 6

city of oz 12
recepten 16
christine manfield – sjamaan in rijglaarzen 22
recepten 24
van billy tea naar caffé latte – koffiecultuur in australië 30
recepten 32

sea of oz 36
recepten 40
life is a beach – een leven voor het strand 46
recepten 48

land of oz 56
recepten 60
bushfood – leven met de dorre grond 66
recepten 68
wijnland australië – het wijnwonder van Australië eens nader bekeken 74
recepten 78

food of oz 84
typisch australische ingrediënten in vogelvlucht 86
adressen – eten, drinken, vakantie vieren, lezen 90
recepten van a tot z 94

brief aan matilda
sydney in augustus

Lieve Matilda,

Dat is nu werkelijk helemaal down under. Terwijl voor jou op je Europa-trip de zomer op zijn einde loopt, is hier aan de oostkust voor het eerst iets van voorjaar in de lucht te bespeuren. Elke avond als jij lekker nageniet van de zon op een Romeins terrasje of vanuit een Biergarten in München naar je logeerplaats slentert, begint hier in Sydney alweer de volgende dag. En wat voor een dag is dat vandaag! De zon kruipt nog maar net achter de horizon tevoorschijn of dat pompeuze, wat onnatuurlijke blauw van de late winter is alweer present, waarmee de koude nacht de deur wordt gewezen.

Ik zit net in Johnno's Cafe boven Warriewood Beach, waar misschien wel de best *fish'n' chips* ten noorden van Sydney wordt gefrituurd. Zo'n typisch Oz-strandcafé dat je in Europa nooit zult aantreffen. De muren zijn oranje geschilderd en aan het plafond hangt een zwartgeschilderd surfboard waarop het aanbod sandwiches, hamburgers en muffins valt te ontcijferen. Rechts staat de koelkast voor de zelfbediening, volgepropt met cola, water en ginger ale. Daarnaast staat het Italiaanse koffiezetapparaat en links is de plek waar losjes leunend op de bar totaal *easy* betaald kan worden. Voor de deur staan een paar metalen tafeltjes en korfstoeltjes, van waaruit dromerig over de eindeloze zee kan worden gestaard, die er vandaag weer eens bij ligt als een gladde spiegel. Vroeg in de ochtend weerspiegelt de zee nog blauwgroen, maar aan de horizon wordt het blauw van de oceaan almaar massiever, kouder en onbereikbaarder. Pas in Chili zal het water weer op het vasteland stuiten.

Mijn gedachten gaan onderwijl naar de binnenlanden, terwijl ik je beschrijf hoe mijn laatste twaalf maanden van deze culinaire reis zijn geweest. De herinnering spoedt zich langs dit typische suburb-straatje van een grote Australische stad, langs het tuintje met de avocadoboom, voorbij de olijfboom met de dwarrelende blaadjes en de grevillea, waarvan de honinggele bloemkelken een lekker hapje vormen voor de Rosella-papegaaien. Mijn gedachten gaan richting westen, door de dampende eucalyptuswouden van de Blue Mountains tot aan de gewelfde vlakten van New South Wales met de reusachtige velden en weiden. Vanaf Bourke begint de eindeloze verte totdat eindelijk Alice Spings als veilige haven in de woestijn opduikt.

Het leek werkelijk een reis in een andere wereld toen ik in november van het afgelopen jaar reizend vanaf Sydney in het rode hart van het continent belandde. Zoals het een echte *sydneysider* betaamt, kende ik de outback alleen maar van de televisie. 'Red Centre? Great place,' zei iedereen de avond tevoren nog bij de barbecue, ook al was eigenlijk niemand van de aanwezigen er echt geweest. Maar Michael en ik wilden de keuken van Australië doorgronden en het spoor van het *bushfood* van de aboriginals volgen. Tijdens het verzamelen van hout voor een kampvuur dacht ik direct al te zijn gestuit op een hele berg bushkokosnoten. Michael, die de woestijn van zijn fotoreizen al wel enigszins kende, wist echter beter. Toen ik trots met mijn buit aankwam, schudde hij meteen zijn hoofd en zei ietwat knorrig: 'Sorry jongen, maar dat is gedroogde koeienstront'. Magisch Australië.

Toen we twee weken later via de uitgedroogde bedding van de Finke River over keiharde zandpaden terughobbelden naar Alice Spings, konden we aan de rand van de weg de echte bushkokosnoten met het blote oog waarnemen. Op wandelingen en tijdens gesprekken met aboriginals, *rangers* en koks hebben we veel geleerd en dat gebeurt nog steeds. Toen begreep ik voor het eerst waarom zelfs Australiëkenners in Duitsland niet konden geloven dat we het land middels een kookboek wilden beschrijven. Want naast het bushfood had ik in de outback de keuken leren kennen waarmee klassieke rugzaktoeristen zich hier in leven moeten zien te houden en daar wordt niemand blij van.

In Italië kan men tijdens een herfstwandeling in bijna elk dorp wel terecht bij een *trattoria*, waar de keuken eenvou-

brief aan matilda

dig maar meestal goed is en in Thailand hoeft de nietsvermoedende toerist maar een willekeurige straat in te lopen om bij een kraampje op zijn gastronomische wenken bediend te worden met smakelijke delicatessen. In de binnenlanden van Australië zijn er alleen maar de typische Road Houses met hun opgewarmde *meat pies* of de levensmiddelenwinkel met de alomtegenwoordige kaas-ham-rode biet-sandwiches die de toerist op de been kunnen houden. Tot mijn eerste bezoek aan de outback belandden mijn gesprekken over eten dan ook snel op een dood punt. Terwijl de anderen berichtten van barbecue-slemppartijen of het betere propwerk in een fastfoodrestaurant, vertelde ik opgetogen over de nieuwe Australische keuken, waarin de kookkunsten uit Europa en Azië zo smakelijk versmolten. Ik probeerde mijn disgenoten te enthousiasmeren voor de wereldwijd bewonderde gerechten in de restaurants van de Australische grote steden, maar ach, we spraken waarschijnlijk gewoon langs elkaar heen...

Van deze Australische doorsneekeuken heb je me trouwens nooit verteld, Matilda. Ook alle *glossy foodmagazines* zwijgen daar blijkbaar liever over, zoals in families gezwegen wordt over die gekke tante die iedereen eigenlijk ook wel kent. Wat zou er zijn gebeurd als in 1770 niet de Britten aanspraak hadden gemaakt op dit continent, maar de Portugezen – die 200 jaar eerder al langs de kusten waren gevaren – of als de Spanjaarden het onmetelijke land voor zich hadden weten te claimen? Voor de aboriginals zou het niet veel uitgemaakt hebben en net als de Britten zouden ook de zeevaarders van het Iberische schiereiland zich in dit woeste land vooral langs de kusten hebben gesetteld. Maar hun levenswijze zou wel veel beter gepast hebben bij Australië dan de stijve Britse *way of life*.

Als Australië was gekoloniseerd door Zuid-Europeanen dan was een siësta nu waarschijnlijk heel normaal geweest en was de keuken misschien wel vanaf het begin mediterraan en lichter van toon geweest. Maar misschien was Sydney ook wel niets meer geweest dan een stad die op het culinaire plan op hetzelfde niveau zou hebben gestaan als Buenos Aires: een stad die alleen maar beroemd is om zijn bergen en zijn steaks.

Alles liep anders en in de gastronomische wereld valt de naam Australië gelukkig steeds vaker. Sommige kenners zien in de Australische kookwijze zelfs het model voor de keuken van de toekomst: een verfijnd combineren van ingrediënten en bereidingen, die weldoordacht uit het World Wide Web van de kookkunst zijn gefilterd. Anderen weigeren om hier überhaupt van te spreken, omdat de tradities ontbreken en huisvrouwen niet zoals elders al honderden jaren met bepaalde recepten in de weer zijn geweest. Maar wat als nu juist het gemis van deze tradities het kenmerk van de keuken van de toekomst zou blijken te zijn?

Dit gemis aan tradities en regels heeft de Australische gastronomische ontwikkeling echter geen windeieren gelegd. De Britse kookkunst was zonder ook maar één adaptatie aan de keuken verplant van het oude vaderland naar het nieuwe continent. Tot in het midden van de vorige eeuw kon aan deze deerniswekkend mistroostige eilandkeuken niet getornd worden. Pas nadat Australië na de

Tweede Wereldoorlog zijn poorten opende voor immigranten uit Italië, Griekenland en andere landen rond de Middellandse Zee en ook oriëntaalse invloeden grip kregen op de eetcultuur, begon hier verandering in te komen. Vooral de mensen uit het gebied rond de Middellandse Zee begonnen de ingrediënten van hun voormalige landskeukens te importeren. Al snel schoten in hun wijken de eethuisjes en winkeltjes als paddestoelen uit de grond. In het binnenland zaten de Chinezen – die waren blijven hangen na de goudkoorts in de 19^e eeuw – met hun vaak afschuwelijk slechte restaurants, op voedselgebied het enige exotische dat in Australië was aan te treffen.

De laatste twintig jaar, dat is tegenwoordig het magische begrip. In gesprekken met koks, handelaren en *gourmets* valt deze term steeds weer. In deze periode heeft namelijk de geboorte van de nieuwe Australische keuken plaatsgevonden. Nadat generaties lang goed eten in Australië niet mogelijk was – en men hier ook niet echt behoefte aan had – bleken in de jaren zeventig toch mensen op te staan die lekker eten als een levensprioriteit beschouwden. De ingrediënten waren aanwezig en de wijnen ook, zo ook de eethuisjes van de immigranten en *last but not least* die geheel eigen ontspannen atmosfeer die het klimaat met zich meebracht. Australiërs begonnen te reizen in hun eigen land en wilden voedseltechnisch wel eens wat nieuws en verrassends uitproberen. Eerst werd de Franse keuken aan de nieuwsgierige vork geprikt. De haute cuisine heeft vandaag de dag nog altijd een sterke invloed op de Australische keuken. Maar na verloop van tijd begon de flirt met de mediterrane levensstijl ook steeds meer aan terrein te winnen. De cappuccino als nationale drank is daarvan wel afdoende bewijs.

In de jaren tachtig werd de Aziatische keuken voor de Australiërs interessant. China en Vietnam, maar vooral ook Thailand en Japan begonnen voor koks van het continent onderzoeksgebieden te worden. Deze gingen steeds meer hun eigen Aussie-ingrediënten en de kookstijlen uit het oude Europa combineren met Aziatische invloeden. De eerste kleine wondertjes verschenen op de eettafel en opeens ging alles razendsnel. Eten en uitgaan werden opeens dé nationale sporten in Australië. De helden waren vaak amateurs die zichzelf het koken hadden aangeleerd en niet gehinderd werden door regels omtrent stijl en etiquette. Nieuw, lekker en verrassend, dat moest het zijn. Maar ook professionele koks werden door het virus gegrepen:

'In mijn eerste vier jaar in Melbourne heb ik alles wat uit Azië kwam genegeerd en in de oude stijl verder gekookt,' weet de Franse chef-kok Jacques Reymond zich te herinneren over zijn begintijd in Australië. 'Toen ik eens twee weken terug was in Frankrijk besefte ik opeens dat in de keuken geen spat was veranderd, alles leek me opeens zo vet en zwaar op de maag te liggen. Terug in Australië veranderde mijn kookstijl daarop drastisch. En teruggekeken heb ik sindsdien niet meer.'

Wat in Europa honderden jaren had geduurd voltrok zich in Australië in maar een paar decennia: het ontstaan van een nieuwe keuken. De weg in de oude wereld voor een nieuw gerecht liep van onderen naar boven, van generatie tot generatie tot het recept genoeg traditie bezat om in

de basiskookboeken te worden opgenomen. In Australië voltrok dit proces zich meer in de breedte. Een nieuw ingrediënt, een nieuwe trend werd door koks uit alle windstreken getoetst, uitgeprobeerd en gecombineerd met andere ingrediënten, alsof men op een zoekmachine op het internet de beste resultaten voor een zoekterm krijgt voorgeschoteld. Het resultaat is een hele reeks van nieuwe recepten, als variatie op dit 'oude' – maar feitelijk nog superhippe – thema. Enkele wijken niet veel af, terwijl andere creaties misschien een beetje curieus zijn maar vaak wel verbluffend goed. Als alles is geprobeerd, begint de zoektocht gewoon weer van voren af aan.

Het is verbazend hoe zelden het eigenlijk voorkomt dat de Australische koks in dit probeerstadium van smaken de plank misslaan. De meeste koks down under hebben blijkbaar het gevoel voor de juiste mixturen en weten precies wat met welk ingrediënt moet gebeuren om het gerecht juist dat beetje extra te geven.

Weet je nog, Matilda, dat we op jouw eerste tocht door Europa met die gast van de Duitse televisie aan tafel zaten en dat hij de nieuwe keuken van Australië een 'elitair, lukraak door elkaar gehusseld en totaal inspiratieloos emigrantenpotje' noemde, terwijl hij daarna na zijn *schweinsbraten* net zo gemakkelijk een cappuccino bestelde! Als zijn stelling had geklopt dan hadden Japan, Thailand en Frankrijk helemaal niet zo nadrukkelijk hun stempel gedrukt op de keuken als nu het geval is, want de immigranten uit deze landen spelen in Australië eigenlijk geen rol van betekenis. Ik had die vent graag meegenomen op die tour door Sydney met de sterkokkin Christine Manfield. Zij wist voor de schappen met elf verschillende sojasauzen precies wat ze wilde en wist in de kaaskelder haarfijn juist die prachtexemplaren uit Tasmanië en Normandië eruit te pikken. Zou een klassiek geschoolde kok in Europa dat ook kunnen?

Ik weet wat je nu denkt, Matilda. Alles goed en wel, maar je moeder in Queensland maakt nog altijd het liefst haar *roasted dinner* met aardappelen en groente, gegaard in rundvlees. Vader smijt op zaterdag nog altijd met groot enthousiasme steaks op de grill in plaats van gamba's. Maar wist je dat intussen driekwart van alle Australische huishoudens een wok heeft en sojasaus gebruikt? Jouw ouders ook? Nu, daar zie je maar weer. Het is een beetje als met die *pêche melba*. Deze heeft de grote Auguste Escoffier vroeger in Parijs samengesteld voor jullie zangeres Nelly Melba en deze creatie is tegenwoordig in elke Noord-Europese ijssalon verkrijgbaar. Te elitair? Neem dan eens chocolade, dat is in principe bushfood, kruid en medicijn uit Zuid-Amerika tegelijk. Toen kregen de Spanjaarden er lucht van en later de Zwitsers, die hier de fameuze alpenchocolade van maakten. Als dat geen fusion is! Of denk eens aan aardappelen, dat waren vroeger exotische knollen uit Zuid-Amerika die in Europa eerst alleen in kloostertuinen en de siertuinen van de adel werden verbouwd – als dat niet elitair is! Vandaag is het een typisch Noord-Europees product en is de gegrilde tonijnsteak met puree van aardappelen, olijfolie en knoflook al bijna weer een klassieker geworden.

Daarmee zijn we gelijk aanbeland bij de laatste vraag. Bestaat zoiets als een Australische keuken? Sommigen vinden de vraag *an sich* al onzinnig omdat er toch net zo min

een Europese of Aziatische keuken bestaat. Maar deze vergelijking is toch wat scheef, want de bevolking van Australië is nog jong en ontwikkelt zich anders dan die van de oude wereld. Parallel beschouwd vanuit een punt in de breedte, dat spreekt voor zich. Nee, als een landskeuken in honderden jaren tijd uit de verschillende regio's van een land moet zijn ontstaan, dan moet het antwoord categorisch 'nee' luiden. Maar het antwoord luidt positief als een keuken in de modernste zin des woords het resultaat is van zijn eigen omgeving. En deze is in Australië tamelijk bont en beweeglijk. Zullen we maar gewoon besluiten dat zich op dit moment een Australische keuken krachtig aan het ontwikkelen is?

Een Australische kookstijl bestaat in elk geval wel degelijk. Die is net zo eenvoudig, verfrissend en ongecompliceerd als de mensen van het continent zelf. Ingrediënten van topkwaliteit – geen overdaad, drie of vier zijn genoeg – worden zonder al te veel poespas bereid, zodat aan het einde alles klopt als een bus. Tonijn, gember en limoen is zo'n typische combinatie waaruit iets groots ontstaat. Of lamsvlees, paprika en soja, ook daarmee is succes gegarandeerd. Denk eens aan passievrucht, vanille en slagroom, nog zo'n wereldse combinatie. Genoeg ingrediënten dus om ooit toch eens met een nationaal Australisch gerecht op de proppen te komen.

Oh, Johnno komt eraan. Hij heeft twee kartonnen bakjes fish'n' chips in de ene hand en twee flessen Coopers Ale uit de Bottle shop in de andere. Hij heeft blijkbaar besloten dat we een pauze nodig hebben. Ik sluit nog een paar foto's en verhaaltjes bij van onze tour door jouw vaderland. Sommige zijn misschien wat episch van karakter en andere eerder momentopnames. Maar dat past eigenlijk wel bij dit land, dat aan de ene kant zijn traditties heeft, maar zich aan de andere kant razendsnel voortbeweegt.

De recepten zijn op verschillende wijze bij elkaar gekomen. Sommige recepten troffen we steeds weer aan en hebben we daarom maar opgenomen. De creaties van de topkoks waarover al zoveel wordt geschreven heb ik grotendeels buiten beschouwing gelaten, omdat de keuken veel meer is dan alleen maar dat. Interessanter vonden we die recepten waar we per toeval op stuitten: van Australische huisvrouwen of Vietnamese immigranten, van de man in de snacktent, of van de buurman met zijn kampvuurtje, van die collega die een moord doet voor een *caffè latte* in Sydney en van de aborigine in de Red Centre. Een paar gerechten ontstonden zelfs bij toeval, geïnspireerd door de fantastische ingrediënten van jouw land en door zijn vitaliteit. Ik ben benieuwd hoe het jou smaakt.

Het ga je goed, Waltzing Matilda, tot snel in je eigen land, ook de groeten van Michael.

**See you
Sebastian**

'Waltzing Matilda' is de titel van het officieuze nationale volkslied van Australië, waarin de held een door het land trekkende outlaw is. De naam staat voor de deken waarin de *Swagman* zich voor de nachtrust wikkelde en waarin hij zijn spulletjes bewaarde.

City of Oz

Op het eerste gezicht lijkt Australië weinig meer dan rode woestijn en barre eenzaamheid, althans vanuit het vliegtuig. Maar op het moment dat de vliegtuigwielen de grond raken ziet de wereld down under er direct al heel anders uit. Huizen, huizen en nog eens huizen en allemaal omringd door het stralend heldere blauw van de Pacific. De tijd is gekomen om de City of Oz eens in te duiken, een van de stedelijke centra van het continent die curieus genoeg allemaal aan de rand van dit onmetelijke land zijn gesitueerd.

Maar zo vreemd is dat nu eigenlijk ook weer niet. Hoe fascinerend de Red Centre en de regenwouden ook mogen zijn voor bezoekers, voor de meeste inwoners van Australië zijn het gewoon onherbergzame en onbewoonbare gebieden. Aan de kust is het klimaat beter te verdragen en is de grond vruchtbaarder, vooral op de zuidelijke helft. Eentiende van alle Australiërs leeft tegenwoordig nog maar *in the bush*, zoals men in de steden placht te zeggen. De rest woont dus in stedelijke agglomeraties, waarvan de helft een plek heeft gevonden in Sydney, Melbourne, Brisbane, Perth of Adelaide.

In deze metropolen leeft, kookt en eet de moderne Australiër. Hier is een nieuwe keuken ontstaan die het gemis van regionale keukens – dat een relatief nieuw bevolkt land als Australië nu eenmaal heeft – allengs doet vergeten. In de rest van de wereld wordt de *Mod Oz Cuisine* uit de Australische steden tegenwoordig zelfs al bijna als de authentieke Australische keuken beschouwd. En in deze keuken, tussen onderling ver van elkaar gelegen steden als Brisbane en Perth, valt heel wat meer eenheid waar te nemen dan in de Franse keuken tussen bijvoorbeeld Parijs en Marseille het geval is. Alle grote steden in Australië liggen aan de oceaan, overal spreekt de Britse koloniale keuken een woordje mee en invloeden van emigranten uit Azië en het gebied rond de Middellandse Zee complementeren het geheel – zo kan de keuken het beste worden gekarakteriseerd. En niet te vergeten die flinke scheut grootstedelijke Amerikaanse flair.

De echte *cityhead* voelt zich onderhand dan ook beter thuis in een lunchroom met een overheerlijke cappuccino of lekker genietend van een uitgekiend voorafje in een trendy restaurant, dan thuis in de eigen keuken. Het zijn op dit moment dan ook de professionele koks die het beeld van de gastronomie in Australië bepalen en niet meer de huisvrouwen, zoals altijd het geval was. De inventieve koks weten gasten die altijd op zoek zijn naar nieuwe culinaire veroveringen keer op keer te verrassen. Ook de media volgen de gastronomie trouwens op de voet en doen in geestdrift niet onder voor hun sportcollega's, zelfs niet als deze de Olympische Spelen zouden verslaan! Het klassieke feuilleton is in de Australische pers in elk geval al lang verdrongen door krantenartikelen en tijdschriften over trendy voeding.

En niet ten onrechte, want de kookkunsten op het vijfde continent zijn krachtig en attractief genoeg om de rest van de wereld op de cultuurverworvenheden down under te attenderen, meer dan welke andere kunstvorm dat zou kunnen. En hier heeft de typische outback-Aussie met zijn meat pie niets meer te zoeken. Als mode en lifestyle

in de huidige cultuur werkelijk belangrijker zijn dan traditionele kunst – en als het klopt dat Londen en New York centra van deze nieuwe cultuur zijn – dan kan gerust worden geconcludeerd dat Sydney hard op weg is om hier de derde plaats in te nemen. In elk geval wat betreft het eten.

Wie in sneltreinvaart een representatieve indruk van de nieuwe *foodscene* wil verkrijgen kan het beste de grootste en actiefste stad van het land bezoeken. In Sydney zijn al die hippe restaurants en eethuisjes te vinden waar kook- en lifestyletijdschriften zo graag over schrijven. En met recht: koks als Neil Perry (Rockpool), Tetsuya Wakuda (Tetsuya's), Tony Bilson (Ampersand) en Christine Manfield (Paramount) hebben in Sydney de symbiose tussen de grootste keukens van Azië en Europa dermate geperfectioneerd dat ze allengs volledig hun eigen gang kunnen gaan en zich hebben kunnen bevrijden van het dwingende keurslijf van de heersende modetrends rondom eten en drinken.

Very Sydney, zo valt de scene rond eten en drinken in de stad nog altijd te karakteriseren. Style en glamour zijn maatbepalend en de gasten moeten constant met nieuwe snufjes en smaakjes tevreden gehouden worden, anders zitten ze de volgende dag gewoon ergens anders. Wie nog *seafood spaghetti* durft te serveren terwijl aan de belendende tafeltjes al wordt gerept over heerlijkheden als linguine met tonijn, moet van goeden huize komen en over een superkok beschikken. Maar als dat zo is, dan haalt zelfs de meest doorgewinterde culinair-vertierzoeker opgelucht adem en kan gelukkig net zo gemakkelijk genieten van zo'n vertrouwd bordje.

Hoe sterk de foodscene van Australië in beweging is, bewijst de opgang van Sydney tot culinaire hoofdstad. Twintig jaar geleden was het nog ontegenzeggelijk Melbourne dat qua lekker en goed eten de klok sloeg. Fijnproevers en bohemiens leidden de *melbourians* toentertijd van de keukentafel naar de tavernes en trattoria's van de stad. Later opende Stephanie Alexander haar zaak Stephanie's, dat vervolgens twee decennia lang diende als hét voorbeeld voor de verfijnde keuken. Ook vandaag de dag weet men in deze ietwat afgelegen stad in het zuiden het Europese erfgoed en stijlgevoel nog op waarde te schatten. Daardoor verloor de keuken in Melbourne na verloop van tijd echter misschien wel wat aan frisheid, wulpse flair en trokken de beste koks weg, terwijl het levenslustige Sydney aan de oostkust driftig aan het experimenteren sloeg en nieuwe gastronomische maatstaven creëerde. Tegenwoordig komt al het culinaire tromgeroffel en klaroengeschal daarom uit Sydney, wat door de millenniumwisseling nog is versterkt.

Maar wat komt nu? Sydneys grootste zondagskrant heeft Melbourne allang weer bestempeld tot nieuwe, 'oude' voedselmetropool nr. 1. De gast wordt daar beter bediend, de levensmiddelen zijn goedkoper en men krijgt meer waar voor zijn geld. Stephanie Alexander heeft in de tussentijd haar restaurant omgetoverd in een topcafé-restaurant dat als nieuw stijlicoon dienst is gaan doen. Verder heeft ze een standaardkookboek voor elk gastronomisch geïnteresseerd Australisch huishouden samengesteld dat lange tijd de bestsellerlijst aanvoerde. In de wedstrijd 'welke stad drukt zijn stempel op de Australische keuken?', heeft Melbourne duidelijk weer een voorsprong genomen, maar wie de uiteindelijke winnaar zal zijn…?

australian bruschetta
geroosterd brood met uien, gember en koriander

Als een kleine Italiaanse opera met Aziatische solopartijen, losjes gepresenteerd in een pretentieloze lunchroom. Het ideale begin voor een dagje slenteren in de hoofdstad; *made in Australia.*

Voor 12 stuks bruschetta:
5 rode uien
1 dl olijfolie
50 g boter
1 bosje koriander
1 stukje verse gember
1 teentje knoflook
12 sneetjes Italiaans witbrood

1 Pel de uien en snijd ze in stukjes, ongeveer ter grootte van blokjes tomaat in een normale bruschetta. Verwarm de boter en olie in een koekenpan en smoor hierin de uien op laag vuur zacht.

2 Was de koriander, schud de blaadjes droog, rits ze van de steeltjes en snijd ze fijn. Pel de knoflook, halveer het teentje en schrap de gember schoon. Meng de afgekoelde uien door de koriander.

3 Rooster het brood aan beide kanten onder de grill knapperig bruin. (Net als in Groot-Brittannië mag in een degelijk Australisch huishouden een grill met stralingswarmte van boven niet ontbreken. Een broodrooster is niet voldoende).

4 Wrijf de geroosterde broodjes aan één kant in met knoflook en strijk hier de uienolie over. Verdeel hier het uienmengsel over en schaaf de plakjes gember erover. Dit uienmengsel is tot een week houdbaar in de koelkast.

Dranktip: een rode Shiraz sekt (een Seppelt uit Victoria) of *saketini* (3 cl sake, ijskoud, gemixt met 1 cl droge vermout en geserveerd met 1 stukje onbespoten limoenschil).

char-grilled salad with goats cheese
gegrilde groentesalade met geitenkaas

city of oz

Een nationaal gerecht? Dat bestaat in Australië eigenlijk niet. De Australische keuken bevat echter wel typische ingrediënten die in steeds weer nieuwe combinaties in gerechten opduiken. Het trio aubergine, pesto en geitenkaas is zo'n klassieker en dat speelt in deze salade de hoofdrol.

Macadamia-pesto
1 bosje basilicum
1 teentje knoflook
50 g pecorino of parmezaanse kaas
80 g macadamianoten
circa 1 dl olijfolie
zout, peper

Verder:
4 mini-aubergines of 1 grote aubergine
100 g patisson (squashpompoen)
1 bosje lente-ui
1-2 handvol slabladeren (bijv. rucola, tuinkers, spinazie, rode bietbladeren of basilicumblaadjes)
een paar druppels olijfolie
circa 1/2 limoen
4 el olie van de ingelegde tomaten
50 g gedroogde tomaten in stukjes
4 kleine geitenkaasjes of dikke plakken van een grote geitenkaas

1 Was de basilicum, schud de blaadjes droog en rits ze van de steeltjes. Pel de knoflook en snijd het teentje fijn. Snijd de pecorino of parmezaanse kaas en noten eveneens fijn. Pureer alles met de staafmixer tot een pasta. Giet tijdens het draaien van de machine de olie in een dun straaltje bij de pesto. Breng de pesto op smaak met zout en peper.

2 Was de aubergine en snijd haar in stukken. Kleinere exemplaren behoeven niet in stukjes gesneden te worden. Het is aan te raden de aubergines 30 minuten voor gebruik met zout te bestrooien zodat de bittere smaak verdwijnt. Wie de echte auberginesmaak niet wil aantasten laat dit achterwege. Was de patissons, verwijder de pitjes en snijd de pompoen eventueel in stukjes. Was de lente-uien en verwijder de buitenste groene bladeren. Was de slabladeren en sla ze droog.

3 Verwarm de grill of grillpan. Bestrijk de groente met olie en gril alles gaar (de aubergines in 8-10 minuten en de lente-uien in 2 minuten). Pers de limoen uit en meng het sap door de tomatenolie en twee eetlepels pesto. Schep hier de gegrilde groente door en laat het mengsel afkoelen.

4 Schep de groente losjes door de slabladeren en breng alles op smaak met limoensap en zout en peper. Leg de geitenkaasjes in het midden van de bordjes en verdeel hier de salade omheen. Garneer elke salade met macadamiapesto.

Dranktip: water past hier het beste bij, wie toch wat alcoholisch wil, grijpt het beste naar een Woodened Chardonnay.

pasta, tuna and prosciutto
lintpasta met tonijn en parmaham

De liefde voor tonijn is een bindend element tussen de keukens van rond de Middellandse Zee en de Grote Oceaan. De Australische yellowfin-tonijn is in Japan uitermate geliefd. *Rare* of *medium* gebakken is het een delicatesse; als het vlees echter te gaar is geworden smaakt het niet veel beter meer dan vis uit blik.

400 g verse tonijnfilets, 2 cm dik (liefst yellowfin)
1-2 bosjes bladpeterselie
50 g parmezaanse kaas, aan een stuk
circa 10 flinterdunne plakjes parmaham of andere milde, luchtgedroogde ham
versgemalen zwarte peper
250 g kerstomaatjes
1 teentje knoflook
zout
400 g linguine (dunne lintpasta)

1 Snijd de tonijn in stukjes van 2 cm en bestrooi ze met peper. Was de peterselie, schud de blaadjes droog en rits de blaadjes van de steeltjes. Schaaf de parmezaanse kaas in schilfers en snijd de ham in 2 cm dikke reepjes.

2 Leg op elk stukje vis een blaadje peterselie en een schilfer parmezaanse kaas en wikkel de vis in een reepje ham. Snijd de resterende peterselie fijn. Was de kerstomaatjes, dep ze droog, snijd ze in vier partjes en meng de tomaten met de peterselie.

3 Verwarm de elektrische oven voor op 250 °C (heteluchtoven 220 °C, gasstand 5). Wrijf de ovenschaal in met een half teentje knoflook. Bestrooi de tomaten met zout en peper, verdeel ze over de schaal en leg hier de visblokjes bovenop.

4 Kook de linguine in ruim water met zout al dente. Plaats de ovenschotel 3-4 minuten boven in de oven. De vis mag van binnen nog glazig zijn als hij uit de oven komt. Giet de linguine af, meng de tomaten en blokjes vis erdoor en serveer direct.

Dranktip: rijpe Sémillon, jonge Merlot.

stir-fried noodles with chicken

noedels uit de wok met kip in honing en soja

Het roerbakken van noedels behoort op het vijfde continent net zo tot het standaardrepertoire als *pasta asciuta*. Hier worden de noedels geserveerd met kip uit de wok.

1 teentje knoflook
4 el honing
1 dl sojasaus
2 el zoete Aziatische chilisaus
1 el sesamzaadjes
4 kippenbouten
200 g pompoenvruchtvlees
(van 400 g pompoen)
2 niet te grote stronken paksoi
(Chinese bladgroente, zie bladzijde 87)
400 g gedroogde Chinese einoedels of hokkien, niet te dun, verkrijgbaar in de Aziatische winkel
2 el olie
5 el kippenbouillon

1 Pel het teentje knoflook, snijd het fijn en meng het teentje met drie eetlepels honing, vier eetlepels sojasaus, de chilisaus en sesamzaadjes. Breek de kippenbouten bij het gewricht doormidden en snijd het vlees een beetje in. Bestrijk het vlees met de honing-sojasaus en laat de kip een nacht in de marinade staan.

2 Strijk de marinade van het vlees en bewaar de marinade. Verwijder de botjes van het kippenvlees en snijd het vlees in stukjes. Was de paksoi, dep de bladeren droog en haal de bladeren van de stronk. Kook de noedels beetgaar als aangegeven op de verpakking.

3 Verhit de olie in een wok en bak hierin het vlees 1 minuut op hoog vuur. Haal het vlees uit de wok. Bak vervolgens de pompoenstukjes 2-3 minuten en schep er de paksoi door tot de bladeren zijn geslonken.

4 Meng een eetlepel marinade met de resterende sojasaus en de bouillon. Giet dit mengsel bij de paksoi in de wok en schep er direct het kippenvlees en de noedels door. Roerbak alles nog twee minuten en serveer de noedels in een kommetje.

Dranktip: Woodened Chardonnay of een jonge Pinot Noir.

christine manfield

Christine Manfield – sjamaan in rijglaarzen

De hogepriesteres draagt zwart, van zijden hemd tot rijglaarzen. Het stralend blonde haar zit streng in een scheiding gekamd en haar ogen worden door een azuurblauwe zonnebril aan de buitenwereld onttrokken, en niet alleen om de ultraviolette stralen op afstand te houden. Een vrouw die respect afdwingt – dat is wel duidelijk. Voor een culi-leek zal dit wel in schril contrast staan met de penetrante visgeur van de gedroogde st. jakobsschelpen die zij ons helemaal verrukt toont. Deze gedeukte, on-appetijtelijk uitziende bruine klompjes gedroogd vlees zijn echter enorm prijzig en uitstekend geschikt voor een krachtige visfond, stelt ze ons al snel gerust. De Chinese apotheker knikt lachend, Sydneys meest extravagante kokkin doet inkopen in Chinatown...

De food-recensent Terry Durack noemt haar 'de hogepriesteres van de moderne keuken in Sydney'. Haar tempel heet Paramount en ligt in Potts Point, het overgangsgebied tussen het rauwe en het elegante havenrevier van Sydney. De naam van het etablissement staat voor glamour en voor het sterke zelfbewustzijn van de kokkin: 'Vanaf het begin moest het duidelijk zijn. Wij zijn top, de absolute top.' Sinds de opening van 1993 twijfelt niemand daar meer aan, helemaal niet na het verschijnen van haar derde kookboek *Spice,* waarmee Manfield zich nog prominenter op de culinaire kaart heeft weten te plaatsen.

Haar worden bijna magische krachten toegedicht bij het samenstellen van ingrediënten, smaken en texturen in een gerecht. Steeds dieper weet ze met succes in de geheimen van de fusionkeuken door te dringen. Daarbij weet ze echter altijd aan de goede smaakgrens te blijven en zich nooit te laten verleiden tot vergezochte combinaties die absoluut niet harmoniëren. Wie het Paramount betreedt kan Sydneys keuken in zijn meest geconcentreerde vorm beleven. Knoedels van zoete aardappelen gevuld met st. jakobsschelpen, varkensvlees en waterkastanjes? Tonijntartaar met zeewieromelet en visseneitjes van vliegende vis? Dit klinkt allemaal tamelijk riskant, maar de smaaksensatie zal een ieder met zekerheid voor eeuwig in het culinaire geheugen worden gegrift. Geen wonder dat het restaurant elke avond van de week – ook in het weekend – bomvol zit.

Op deze ochtend is Christine Manfield echter te vinden in de Chinese wijk. Ze is op zoek naar exotische geheimen die haar leveranciers niet in het assortiment durven voeren. Hier voelt de authentieke Chinese lekkerbek zich als een vis in het water, met al die echte varkensslagers en Chinese apothekers die de meest exotische wortels, vreemd gevormde blaadjes en gedroogde diertjes als st. jakobsschelpen in de aanbieding hebben. 'Ook na jaren ontdek ik nog steeds nieuwe en onbekende producten waarmee ik naar hartelust kan experimenteren,' aldus Manfield. Of de ingrediënten nu allemaal even gezond zijn is voor haar van minder belang, als de combinatie van aroma's een gerecht maar weet te vervolmaken. Ook daarin is de sjamaan in Manfield weer niet ver weg.

Een paar stappen verder betreden we weer bekendere gastronomische paden. In Pontips Thai-Shop staan de zakjes en blikjes torenhoog opgestapeld tot aan het plafond en wordt de ingang bijna versperd door kisten met

groente en fruit. Een bosje sereh en wat stronken paksoi worden door Manfield kordaat onder de arm geklemd en de bazin van Pontip roept opeens verrukt: 'Hello, long not seen, how are you? Bezoek uit Duitsland? Geweldig, I love Sauerkraut, maar probeer dit eens!' Naast de toog staat een bord met in bananenblad gewikkelde kleefrijst die net is opgewarmd op de grill. Al snel ontspint zich een geanimeerd gesprek over de aroma's van Azië, de smaken van het oude Europa en lekker eten in Sydney. Voor de foto met de bazin van Pontip doet Christine Manfield zelfs even haar zonnebril af, hier hebben twee *foodies* elkaar gevonden.

Dit is een motto dat zeker ook geldt voor het Paramount, ons volgende doel. Hier geen gewijde stemming met knipmessende obers, eerder de intieme atmosfeer van een elegante bistro in de grote stad waar een stijlbewuste familie op ongedwongen wijze de scepter zwaait. De inrichting, met de lichte Charles Eames-stoelen en de gewelfde fluoriserende bar, doet perfect dienst als bühne voor de creaties van Manfield. Een tijdloze weldaad in de jachtige restaurantscene van Sydney. Christines partner Margie Harris zorgt ervoor dat bij al dit avantgardisme een degelijke portie charme en hartelijkheid niet wordt vergeten. En ook dat is een zeldzaamheid in deze stad.

De keuken is niet veel groter dan een simpele driekamerwoning. Vijf chefs verdringen zich hier om hun kunsten te vertonen. Anders dan in de klassieke keukenhiërarchie het geval is wisselen ze vaak van plek en fornuis, zodat ook de vleeskok zich bij tijd en wijle alleen op groente en sauzen moet concentreren. Zo leert elke kok alle facetten van de meesterwerkjes op Manfields borden tot in de puntjes te beheersen.

Het systeem functioneert, maar het zou in de Europese keuken ondenkbaar zijn. Net zo ondenkbaar als een keukenpatrones die op de leeftijd van 19 jaar voor het eerst achter de pannen plaatsneemt! In Australië is een carrière als die van Manfield echter niet ongewoon. Vrouwen staan hier sterk in de gastronomie en koks met een gedegen opleiding zijn in de eerste generatie van de Mod Oz Cuisine eerder uitzondering. Stephanie Alexander in Melbourne, Maggie Beer in Barossa Valley, Gay Bilson in Sydney – ze leerden allemaal tamelijk laat koken en behoren tot de meest invloedrijke persoonlijkheden in de foodscene. Waarom is dat toch? 'Foute vraag,' komt dan al snel als antwoord. De vraag zou moeten luiden: 'Waarom is dat bij jullie in Europa niet zo?' Een vrouw in de professionele keuken is hier doodnormaal. 'So this is Australia', punt uit!

Hoogste tijd om samen met Manfield eens verder te kijken. We rijden naar de winkel van Simon Johnson in de wijk Woollahra, een delicatessenwinkel in een prachtige omgeving. Naast de ingang liggen de eerste appels van de Australische herfst ingelijst te pronken. 'Koffie? Graag.' En wat drinkt de hogepriesteres van de moderne keuken in Sydney in dit kloppende hart van de cappuccinocultuur van deze stad? '*A flat white*, please'. De klassieke kop koffie met het scheutje melk zonder schuim, die een sydneysider onder de dertig waarschijnlijk niet eens meer zal kennen! 'So, this is a real australian girl'.

christine's spiced duck
christines gekruide eend met spinazie

Kruiden vormen de basis van de keuken van het Paramount van Christine Manfield en de gekruide eend is een van haar absolute meesterwerkjes. Dit gerecht heeft ze speciaal ontwikkeld voor ons boek en dat dit heel wat meer is dan een salade merkt men in elk geval bij de bereiding, want binnen vijf minuten is dit niet bekeken...

1 schoongemaakte eend (circa 2 kg)
1 portie *spicy special*
3-4 verse bananenbladeren uit de Aziatische winkel (of stevige koolbladeren)
circa 50 jonge spinazieblaadjes
6 lente-uitjes
2 kleine rode chilipepertjes
80 g verse sojaboonscheuten
2 el fijngesneden Thaise basilicum
12 flinterdun geraspte schilfers gember
1/2 l eendenfond (of 1 l gevoeltefond uit glas, ingekookt tot 1/2 l)
1 dl plantaardige olie

spicy special, zie bladzijde 26

1 Verwarm de oven voor op 200 °C (heteluchtoven 180 °C, gasstand 3). Plaats een vuurvaste schaal met water onder in de oven. Wrijf de eend aan de binnen- en buitenkant in met de kruidenpasta, wikkel de eend in bananenblad en bind alles stevig vast met keukengaren. Leg het eendenpakket op een bakblik, dek dit af met aluminiumfolie en gaar de eend in 1 uur. Haal de eend uit het bananenblad en laat het vlees een beetje afkoelen. Haal het vlees van de botten en laat het volledig afkoelen.

2 Was in de tussentijd de spinazie en lente-uitjes en maak beide schoon. Snijd de lente-uitjes in dunne ringetjes, maak de chilipepertjes schoon en snijd ze fijn. Spoel de sojaboonscheuten af onder de kraan en laat ze uitlekken. Meng de scheuten met basilicum en gember in een schotel.

3 Breng de resterende kruidenpasta aan de kook in de fond met de olie en verwarm hierin voorzichtig het eendenvlees. Snijd het vlees in dunne plakjes en schep de plakjes door de salade. Lepel de spinazie kort door de gekruide fond en schep alles door elkaar. Serveer de salade in de vorm van een torentje, een echte *Paramount* dus.

Dranktip: Pinot Noir, bijvoorbeeld uit de Yarra Valley.

spicy special

christines speciale kruidenpasta

In het restaurant van Christine Manfield is deze kruidenpasta een basisaroma dat bijvoorbeeld een in bananenblad gegaarde eend ontegenzeggelijke kracht verleent. Wat een prachtexemplaar van de nieuwe Aziatische keuken, veelzijdiger kan bijna niet. De keuze om boven het eigen fornuis culinair naar down under te reizen zal in elk geval snel gemaakt zijn.

2 kardemompeulen (of 1/2 tl poeder)
3 tl korianderzaadjes (of 2 tl poeder)
3 tl komijnzaadjes (of 2 tl poeder)
20 g Thaïse garnalenpasta
6 sjalotjes
5 teentjes knoflook
1 stukje verse gember (2 cm)
1 stukje verse galgant (4 cm),
zie bladzijde 88
1 stukje verse kurkumawortel (4 cm),
eventueel poeder
1 stengel citroengras
6 kleine rode chilipepertjes
1 kaneelstokje
3 geroosterde kemirienoten of een
handvol macadamianoten,
zie bladzijde 88
1/4 tl versgemalen nootmuskaat
1 tl kurkumapoeder
1/2 tl witte peper, versgemalen
80 ml tamarindevocht,
zie bladzijde 89
3 el versgeperst limoensap
80 ml plantaardige olie

1 Haal de kardemompeulen uit de hulsjes en rooster ze twee minuten in de pan met koriander en komijn. Maal de afgekoelde specerijen fijn in de vijzel. Rooster de gemalen specerijen 30 seconden in de pan en laat ze afkoelen. Rooster de garnalenpasta in de pan tot de massa rood gaat kleuren.

2 Pel of schrap de sjalotjes, teentjes knoflook, gember, galgant en kurkumawortel en snijd of rasp alles fijn. Klop het citroengras plat. Maak de chilipepers schoon en snijd ze grof samen met de noten en het kaneelstokje. Draai met de staafmixer alle ingrediënten tot een kruidige pasta en schep het mengsel in een inmaakglas. Deze pasta is meerdere dagen houdbaar in de koelkast.

Tip: deze kruidenpasta is perfect bij *Christine's spiced duck* (bladzijde 24) en een verrijking voor *seafood laksa* (bladzijde 44) en Zuidoost-Aziatische kerriegerechten.

sydneys ratjetoe

sydney kan zo mooi en lekker zijn

Men neme een wok, een kok met gevoel voor combinaties en een paar van de smakelijkste ingrediënten die Sydney te bieden heeft. Wat een fantastische bijdrage voor de moderne Australische keuken!

10 *balmain bugs* (zie bladzijde 86) of reuzengarnalen
250 g groene asperges
250 g rode kerstomaatjes
250 g gele kerstomaatjes
1 bosje lente-uitjes
150 g verse shii-take paddestoelen
100 g waterkastanjes (uit blik)
50 g zwarte sojabonen (uit blik), zie bladzijde 88
1 teentje knoflook
1 stukje verse gember (circa 3 cm)
1 bosje basilicum
2 blaadjes kaffirlimoen, zie bladzijde 89
1 handvol erwtenscheuten
2 el olijfolie
2 el Aziatische oestersaus
1 el limoensap
1 tl palmsuiker (of rietsuiker), zie bladzijde 89
zout, peper

1 Halveer de *balmain bugs* in de lengterichting, een Chinees hakmes voldoet hier uitstekend. Verwijder de staarthelften, spoel ze af en verwijder de darmdraadjes. (Of haal de garnalen uit de pantsertjes en verwijder de darmdraadjes.)

2 Maak alle groenten schoon, was ze grondig en dep ze droog. Snijd de asperges in 4 cm grote stukken. Snijd de tomaatjes in vier partjes, de lente-uitjes in ringetjes en de waterkastanjes in plakjes. Wrijf de paddestoelen schoon met een doek, draai de steeltjes van de hoedjes en halveer deze.

3 Laat de bonen uitlekken in een vergiet en bewaar drie eetlepels bonenvocht. Schil de knoflook, schrap de gember en snijd beide fijn. Was de basilicumblaadjes, blaadjes kaffirlimoen en erwtenscheuten en dep alledrie droog. Snijd de blaadjes kaffirlimoen in reepjes en rits de basilicumblaadjes van de steeltjes.

4 Verhit de olie in een wok. Bak hierin de bugs al omscheppend 30 seconden en schep ze met de schuimspaan uit de wok. Bak daarna de asperges en waterkastanjes met knoflook, gember en lente-ui, al omscheppend, 1 minuut.

5 Laat de tomaten 30 seconden meegaren en laat ze daarna nog 2 minuten meesudderen met bonennat, oestersaus, limoensap, palmsuiker en blaadjes kaffirlimoen. Schep de balmain bugs, scheuten en basilicum erdoor, breng alles op smaak met zout en peper en serveer dit gerecht direct.

Dranktip: een Sémillon, bijv. uit de Hunter Valley of een jonge Pinot Noir.

Van Billy Tea naar caffè latte – koffiecultuur in Australië

In den beginne was er Billy Tea. Een bitter brouwsel van theeblaadjes dat in een conservenblikje boven het kampvuur werd gekookt – de beruchte Billy Can. Regelmatig gebeurde het dat kort daarvoor in het blik nog Baked Beans waren opgewarmd, die samen met toast, spiegelei, gebakken spek en Billy Tea het typische Australische ontbijt uit de pionierstijd vormden. Dat van die bonen kwam de smaak natuurlijk niet ten goede. Vandaag de dag zijn er nog steeds mensen die zweren bij dit ontbijt, maar niet zelden zijn dit rugzaktoeristen uit Europa of Amerika die in de outback op zoek zijn naar het zogenaamde authentieke Australië. De moderne *city-Aussie* moet hier weinig meer van hebben. Deze gaat liever aan het begin van de werkdag naar de lunchroom of leunt aan de toog van zijn lievelingsbar, nipt aan een caffè latte en eet daarbij *eggs benedict* of neemt in elk geval één hap van een croissant. Dit is ontbijt in Australië anno 2000!

Hoezeer de eetgewoonten down under de laatste jaren zijn veranderd laat zich goed aflezen aan de cafécultuur van het land. Twee decennia geleden bestond deze namelijk eigenlijk nog niet. Ontbeten werd altijd thuis met een kop thee (of goedkope oploskoffie) en toast. In de huidige cafémetropool Sydney gold het tot voor kort als uiterst exotisch om elkaar bij een snelle slok te ontmoeten. Alleen op vrijdagavond in de pub waren de zaken vol. Nog ondenkbaarder was het om gewoon aan een tafeltje voor het restaurant op het trottoir te gaan zitten. Lekker buiten zitten was nu eenmaal taboe in de Brits georiënteerde bar-restaurantscene in Sydney.

Melbourne was al wat verder, daar hadden Italiaanse emigranten al voor de Tweede Wereldoorlog een solide basis gelegd aan bars en *ristorantes*. Hier – zo luidt de legende – ontstegen in Australië de eerste dampen uit een Italiaanse espressomachine, waarmee de affaire tussen Australiërs en Italiaanse 'caffè' zijn aanvang nam. Tegenwoordig wordt in de steden bijna uitsluitend nog koffie van geroosterde Arabicabonen voor espresso geserveerd. In de binnensteden zijn deze mengsels bijna altijd afkomstig van wereldwijd bekende firma's uit Italië, voorts is ook het Australische merk Vittoria heel populair. Fijnproevers van nationalistische stempel zweren overigens bij Grinders Coffee. Tegenwoordig wordt zelfs geprobeerd een goede espresso te maken van Australische koffiebonen.

Wat betreft de verfijnde omgang met een espressomachine kunnen Australiërs zich al bijna meten met de Italianen. Zelfs in Alice Springs kan een goede cappuccino worden besteld, die niet eens onder behoeft te doen voor een 'kopje zwart goud' uit een gerenommeerde *galleria* uit Milaan. Eenderde espresso, eenderde hete melk en eenderde schuim, precies zoals het hoort. Al is de caffè latte (espresso met veel melk en een romige schuimkraag) bezig aan een gestage opmars, bij Australiërs (die gek op melk zijn) staat een kop cappuccino nog altijd bovenaan. Dat deze cappuccino in het geboorteland Italië als typische ochtenddrank wordt beschouwd, dat zal de Australiërs een zorg zijn. Elk tijdstip van de dag genieten ze van hun cappuccino, zoals Italianen dat plegen te doen met hun kleine zwarte espresso.

Short black noemen de Australiërs hun espresso, al horen ze deze boerse term in de grootstedelijke hippe cafés niet graag. Eerlijk gezegd is de espresso down under ook niet altijd om over naar huis te schrijven. Zonder de beschermende laag van melk en schuim is het vaak weinig meer dan een kopje niet al te geurige koffie met een flinterdun laagje crème. Misschien dat espresso daarom niet zo populair is in Australië. Zelfs in de betere cafés neemt men niet altijd de moeite om er een echte espressolepel bij te serveren, dat zegt misschien wel genoeg. Als op de kaart echter een *ristretto* staat vermeld dan kan de gast zich verlekkerd in de handen wrijven. Dan komt echt een pittig, geurig kopje koffie op tafel, met liefde bereid door een *barista* die al tijden is ingewijd in de diepere geheimen van de koffiecultuur.

Ook de andere belangrijke Australische koffiedisciplines heeft hij natuurlijk in de vingers: de *long black* die is opgebouwd rond een dubbele espresso of een gewone kop koffie, de flat white die in feite een long black is met hete melk en misschien een beetje schuim en allengs weer in de mode komt, de *mochaccino* (ook *moccacino* of kortweg *mocha* genoemd), een flat white met een scheut cacao, en voor de kinderen een *babyccino*, een kopje met opgeklopte melk met daarover veel cacaopoeder gestrooid. Zo worden ook kinderen al vroeg vertrouwd gemaakt met de Australische koffiecultuur.
Een lunchroom is de plek bij uitstek om zich eens aan de nieuwste toppers van de Australische eetcultuur te wagen. Ondanks dat deze etablissementen – een kruising tussen een frietwagen, espressobar en bistro – vaak miniem van formaat zijn, is de stijl uitermate belangrijk.

Dat ze zo klein zijn zal de meeste gasten trouwens een zorg zijn, deze verplaatsen zich bij de eerste zonnestralen toch al snel naar het trottoir voor de lunchroom om daar op de karakteristieke blauwe melkkratjes van hun caffè en croissant te genieten. Ook het personeel is totaal relaxed, wat het geduld van de jachtige Europeaan wel eens op de proef kan stellen. De menukaart bevat meestal het betere fastfood en als de kok heeft besloten zich te richten op een speciaal land in plaats van overal wat 'culinairs' weg te plukken, dan wordt het vaak helemaal smullen. In de lunchroom draait het hoofdzakelijk om brood: smakelijke foccacia, knapperig Turks brood of eenvoudige sandwichtoast, alles vindt met inbegrip van zelfgemaakte dips en chutneys en natuurlijk rijkelijk belegd zijn weg naar de hongerige klant. Tosti's vinden trouwens ook gretig aftrek in Australië.

De zoete sectie mag in de lunchroom natuurlijk niet onderbelicht blijven. Australiërs zijn niet voor niets kampioenen in het verorberen van koekjes. Vandaar dat op de toonbank meestal wel weckflessen met koekjes staan en onder de glazen stolp in de regel de *old fashioned lime cake* (zie volgende bladzijde) of muffins staan te trappelen om geserveerd te worden. Laatstgenoemde worden tegenwoordig trouwens steeds vaker verdrongen door *friandaises*, kleine knapperige ovalen koekjes met een zachte kern. Deze smaken heerlijk bij een kop zwarte thee. En wie weet is thee binnenkort wel weer de nieuwe trend?

koffiecultuur in australië

old fashioned lime cake

limoentaart

Terwijl men in de rest van de wereld nog verrukt spreekt van Mod Oz is men in Sydney en Melbourne alweer een stap verder. Beter gezegd weer een stap terug, want de retrogolf heeft ouderwetse klassiekers weer op de kaart gezet, zoals de Engelse citroentaart. De Australische variant komt uit de oven met limoen in plaats van met citroen; het wezenlijke verschil.

5 limoenen
125 g zachte boter
250 g kristalsuiker
2 eieren
320 g bloem
1 1/2 tl bakpoeder
1/2 tl zuiveringszout
250 g zure room
boter voor de vorm
250 g mascarpone

1 Verwarm de elektrische oven voor op 180 °C (heteluchtoven 160 °C, gasstand 2-3). Schraap de schil van 1 limoen af en pers het sap uit de citroen. Roer de boter tot hij schuimig is, voeg 150 g suiker toe en roer tot de suiker is opgelost. Klop de eieren er een voor een door tot een schuimig mengsel is ontstaan.

2 Meng bloem, bakpoeder en zuiveringszout door elkaar en roer vervolgens in een andere kom de zure room met limoensap en -rasp door elkaar. Spatel beide afwisselend door de schuimige boter. Vul het beslag in een springvorm en bak de taart 45 minuten in het midden van de oven.

3 Snijd in de tussentijd drie limoenen in dunne plakjes en pers de vierde limoen uit. Breng 100 g suiker aan de kook met 1/8 liter water en smoor hierin op de laagste vlam de limoenen zacht. Laat de limoenen op een rooster uitdruipen. Roer het kooknat van de limoenen door het uitgeperste sap.

4 Laat de gare taart nog wat uitdampen in de vorm en beleg de taart voorzichtig met de plakjes limoen. Strijk er vervolgens de nog warme siroop over. Laat de taart volledig afkoelen in de vorm. Snijd de taart in stukken en serveer elk stuk met een flinke dot mascarpone.

Dranktip: Australische zoete wijn, zoals Boytritis Sémillon, Muscat, Tokay of port. Ook een flat white past natuurlijk uitstekend.

peaches kylie
perziken à la kylie

In de jaren zeventig van de vorige eeuw was *pêche melba* populair, een dessertklassieker genoemd naar de Australische diva Nelly Melba. Nu zijn de jaren zeventig weer hip en de huidige Australische diva heet Kylie Minogue. Dit dessert past bij haar: voluptueus, zinnelijk en bitterzoet, maar met een keiharde kern waarop men zich de tanden gemakkelijk kan stukbijten.

4 sappige volrijpe perziken
1 vanillestokje
1 stukje verse gember (4 cm)
1 stukje citroengras (4 cm)
550 g suiker
2 stuks steranijs
2 laurierblaadjes
4 dl water
1/4 l witte wijn

1/4 l Cabernet-Sauvignon
1/4 l Frangelico (Italiaanse koffielikeur, of 1 dl Amaretto met 3 cl kruidenlikeur en een paar scheutjes Angostura)
citroensap
250 g verse kersen
4 bolletjes vanille-ijs

1 Dompel de perziken 15 seconden in kokend water en daarna direct in ijskoud water. Verwijder nu onmiddellijk de schil. Rits het vanillestokje open en schraap het merg eruit. Schrap de gember en schaaf deze in dunne plakjes. Plet het citroengras krachtig met een breed keukenmes.

2 Kook het water en de wijn vijf minuten samen met 400 g suiker, het vanillestokje en de -merg, gember, steranijs en de laurierblaadjes. Laat de perziken in dit mengsel 3 tot 4 minuten koken en laat de vruchten hierin afkoelen – liefst gedurende de nacht, dan zuigen ze zich lekker vol.

3 Was de kersen en laat ze uitlekken. Kook de Cabernet-Sauvignon 5 minuten op hoog vuur met de likeur, een beetje citroensap en 150 g suiker. Voeg de kersen toe en haal de pan van het vuur. Laat ook de kersen gedurende de nacht hierin op smaak komen.

4 Leg op elk bord een hele perzik samen met een bolletje vanille-ijs (op hete dagen past een limoen- of mangosorbet ook uitstekend) en een paar lepels kersen. Geef er een dessertvorkje en -lepel bij. Het afkluiven van de perzikpit voor het laatste vruchtvlees hoort er natuurlijk ook bij!

Dranktip: Australische Riesling Spätlese.

Sea of Oz

Wat is Australië? Een voormalige kolonie, een land, een continent, dat klopt natuurlijk allemaal. Maar het is vooral een eiland. Een enorm stuk aarde dat zich miljoenen jaren geleden heeft afgescheiden van de rest van de wereld, steeds verder zuidwaarts dreef en tenslotte als een niemandsland tot stilstand kwam tussen het eilandenlabyrint van Melanesië en de gigantische ijsmassa's van Antarctica. Tussen Australië en het oude Europa lag de hele Indische Oceaan en het continent Afrika en in het oosten werd Terra Australis van Amerika gescheiden door de Grote Oceaan.

Het waren uitgerekend de Engelsen die het continent 200 jaar geleden ontdekten. Een volk dat slecht tegen de zon kon en in de eigen keuken voor visgerechten bij wijze van spreken zijn neus ophaalde. Eigenlijk is er geen volk dat minder geschikt zou zijn geweest om Australië te ontdekken. Ook de Britten beseften dat snel en maakten van het continent eerst maar eens een strafkolonie voor ongewenste eilandbewoners. Dat de kolonisten het in die tijd meer dan een eeuw lang hebben gepresteerd om de vis- en zeevruchtenrijkdom van het nieuwe land te negeren, toont voor mij duidelijk aan dat het alleen maar viel toe te juichen dat het met de wereldmacht van de Britten op zijn einde liep.

Als de Portugezen op hun specerijenvaarten in de 16^e eeuw de gigantische landmassa ten zuiden van hun koloniën zouden hebben ontdekt, dan had Australië er waarschijnlijk heel anders uitgezien. In elk geval de viskeuken. Tonijn, inktvis, zwaardvis en langoest waren de Portugezen vanuit het moederland immers al bekend. Alle nieuwe soorten vis, mosselen en schaaldieren waren zeker een verrijking geweest voor de Portugese keuken. Dan had de snelle snacker tegenwoordig in de visshops van Australië misschien wel garnalentempura – Portugals culinaire gift aan Japan – besteld, in plaats van fish'n' chips.

Dat is echter niet gebeurd. Maar het bleef gelukkig allemaal niet zo karig als de eerste Britse pioniers het zich gewenst zouden hebben. Het aanbod uit de zee is nu eenmaal te rijk en aanlokkelijk, in elk geval voor de niet-Britse emigranten. In het westen kunnen de rood-blauw glinsterende scampi zo uit het water worden geplukt, de spletenrijke rotskust in het Noorden is een ware schatkamer aan *barramundi* met zijn fluweelzachte witte filetvlees en ook de *mud crab* tiert daar welig. Zijn krabvlees onder het gitzwarte pantser wordt onder krabliefhebbers als het hoogste culinaire genot beschouwd. De abalonemossel is nog waardevoller. Deze groeide vroeger in overvloed aan de zuidkust. Tegenwoordig wordt de mossel vooral gekweekt voor de Japanse markt, waar voor de mossel gastronomische bedragen worden neergeteld.

Het zuidelijke eiland Tasmanië – waarvan het klimaat wel doet denken aan dat van Europa – levert uit zijn koele kristalheldere zeewater de Atlantische zalm en oesters uit aquafarming. De zoete wateren leveren fantastische rivierkreeftjes die zo populair zijn dat nota bene *outback-farmers* zich eraan wagen om deze in speciale vijvertjes te gaan kweken.

Dit alles kan bij het krieken van de dag worden bewonderd op de vismarkt van Sydney. Hier worden dagelijks

meer dan honderd soorten vis verhandeld. Deze zijn gedurende de afgelopen nacht door beroepsvissers gevangen en afgeleverd aan de Blackwattle Bay. Drievierde van de vangst stamt uit de wateren bij New South Wales, waarvan Sydney de hoofdstad is. 15% van de vis komt uit de overige wateren van Australië en de rest van de vissen en zeevruchten wordt geïmporteerd. Alleen de *Tsukiji*-markt in Japan heeft een groter visaanbod.

Voordat de veiling begint, lopen in de hal de kleinere kopers keurend langs de viskratten. De eigenaar van een viswinkel in de North Beach in Sydney checkt achter de kieuwen de versheid van een aangeboden snapper, terwijl de *chef-poissonier* van het chique visrestaurant aan de Rose Bay een glinsterende *red emperor* aan een nauwkeurig onderzoek onderwerpt. Het groepje Japanners dat hier rondslentert lijkt heel wat minder geïnteresseerd. Op de tribune voor de reusachtige veilingklokken zitten de groothandelaren en exporteurs al geduldig te wachten, net als de inkopers van talloze restaurants en viswinkels.

Om halfzes begint de veiling en plotseling heerst een geconcentreerde stilte. De klokken tonen digitaal de per seconde vallende prijs van de aangeboden viswaar en wie als eerste op de knop drukt mag zich de nieuwe en tijdelijke eigenaar noemen. Hier is het zaak de zenuwen de baas te blijven, want wie te snel drukt moet natuurlijk te hoge prijzen neertellen voor de vis, wat hem op hoon van de andere kopers komt te staan. Een voor een verdwijnen de kisten met vis naar de afhaalruimte of de fileerruimte, waar de vissen aan de lopende band worden geschubd, van de ingewanden worden ontdaan en worden gefileerd. Rond zeven uur wordt het dan nogmaals echt spannend bij het sashimi-paviljoen. Hier liggen de prachtstukken van de dag verser dan vers te wachten op de echte kenners. Reusachtige tonijnen waarvan de staart is ingesneden zodat de sushimeesters de vetlaag kunnen controleren. Een echte zeebonk in shorts en blauw poloshirt neemt hier plaats achter de microfoon, aan hem zijn nieuwerwetse digitale klokken niet besteed. De Japanners die eerder zo ongeïnteresseerd leken, bieden nu op luide toon op de vis. Als een koper 'beet' heeft, legt hij de vis razendsnel op een steekwagen en maakt zich uit de voeten terwijl zijn concurrenten luidkeels blijven bieden. De tonijn uit Australië is een gewilde delicatesse voor de Japanners, die zijn dan ook bereid om hier hoge bedragen voor neer te tellen.

De handel in vis en zeebanket was down under lange tijd in handen van de Griekse emigranten, waarbij drie families van een piepklein eilandje in de Egeïsche Zee de hoofdrol speelden. Maar tegenwoordig doen ook de Aziaten van zich spreken, vooral nadat hun kookkunst de keuken van Australië heeft verrijkt. Ook hier speelt de zee weer een belangrijke rol. *Thai crab cakes*, *seafood laksa*, een met gember en limoen gekruide tonijnsteak voor op de barbecue of een in bananenblad gestoomde snapper zijn tegenwoordig dankzij de Mod Oz Cuisine net zo populair in Australië als in Azië zelf. Maar tempura is nog steeds niet te krijgen in de viswinkel. De box met verse sushi van de groothandelaar is daarentegen al wel in bijna elke viswinkel standaard. Ook zonder militaire dwang kunnen overwinningen plaatsvinden.

steamed seafood custard
gestoomde pudding van zeevruchten

Dit recept is de Australische variant van de Japanse *chawan mushi* en kan ook worden bereid in de oven.

Voor de custard:
200 g witvisfilet (bijv. *barramundi*, snapper of kabeljauw, zie bladzijde 86)
2 el Japanse sojasaus
5 el rijstwijn
4 st. jakobsschelpen met rode baard
100 g verse shii-take paddestoelen
2 norivelletjes (gedroogd zeewier, zie bladzijde 89)
8 el gekookte rijst
4 *zeeverse* oesters
4 eieren
3,5 dl krachtige visfond (zelfgemaakt of uit een pot)
zout
mosterdscheuten voor de versiering

Verder:
4 Aziatische rijstschaaltjes
4 kleine of 2 grote bamboestoombakjes

1 Snijd de vis in repen van 1 cm, meng met een eetlepel de sojasaus en 1 eetlepel rijstwijn door elkaar en laat de vis 15 minuten marineren in dit mengsel. Snijd de baarden van de st. jakobsschelpen. Wrijf de shii-take schoon met een droge doek en verwijder de steeltjes. Halveer twee paddestoelen en snijd de resterende in plakjes. Rooster de norivelletjes in een droge pan en pluk ze in stukjes.

2 Verdeel de vis – in de marinade –, de rijst, de paddestoelenreepjes en nori over de rijstschaaltjes. Leg steeds een mossel met baard en een paddestoelhelft op de rijst. Klop de eieren los samen met de fond, resterende rijstwijn en sojasaus. Verdeel het eibeslag gelijkmatig over de schaaltjes en dek ze af met aluminiumfolie.

3 Vul twee wokken of grote pannen met zoveel water dat de bamboestoombakjes hier 2 cm diep in kunnen staan en breng het water aan de kook. Plaats de rijstkommetjes in de stoombakjes en gaar de inhoud met deksel op het stoommandje 10-15 minuten. U kunt ook een diep bakblik met water vullen waar de bamboestoombakjes voor drievierde in kunnen staan en de oven voorverwarmen op 180 °C (heteluchtoven 160 °C, gasstand 2-3). Laat de custards in 10-15 minuten gaar worden. Versier de custards met mosterdscheuten.

Dranktip: Japanse rijstwijn of een Sauvignon Blanc.

mod oz scampi cocktail
scampicocktail

Voor de saus:
100 g Griekse yoghurt (10% vet)
50 g mayonaise
50 g tomatenketchup
50 g zoetzure chilisaus
1 el Aziatische vissaus
1/4 tl wasabipasta (Japanse mierikswortel, zie bladzijde 88)
1/4 tl rode Thaise currypasta
1 tl verse gember

Verder:
1 niet al te zachte mango
2 lente-uien
1/2 handvol waterkers
500 g gegaarde en schoongemaakte scampi
4 sneetjes geroosterd brood

1 Meng voor de saus alle ingrediënten door elkaar. Schil de mango, snijd het vruchtvlees van de pit en snijd de mango in partjes. Maak de lente-uien schoon, was ze en snijd ze in ringetjes. Was de waterkers en hak de blaadjes grof.

2 Verdeel de waterkers over vier cocktailglazen. Meng de scampi, mango en lente-ui door de saus en geef hier geroosterd brood bij.

Dranktip: droge sekt, Unwoodened Chardonnay.

lemon prawns
citroengarnalen

2 onbespoten citroenen
1 bosje dille
1 dl olijfolie
20 reuzengarnalen (of andere grote garnalen)
1 teentje knoflook
1 tl pittige mosterd
zout
peper
1 mespuntje suiker

1 Was de citroenen onder de hete kraan, rasp de schil er in een dun laagje af en pers het sap uit de citrusvruchten. Was de dille, schud de takjes droog en hak de topjes fijn. Breek de takjes in stukjes. Houd twee eetlepels citroensap apart en meng de rest met de citroenrasp, dilletakjes en twee eetlepels olie. Marineer hierin de scampi's minimaal een uur.

2 Pel het teentje knoflook, snijd het fijn en roer deze door twee eetlepels citroensap, mosterd, zes eetlepels olie, zout, peper en wat suiker. Bak de scampi's in één eetlepel hete olie in 2 minuten gaar, voeg de dille toe en bestrooi de schaaldieren met zout en peper. Serveer de garnalen met de citroenvinaigrette.

Dranktip: Gewürztraminer.

seafood laksa
eenpansgerecht van zeebanket met kokosmelk en munt

Laksa is eigenlijk de bouillabaisse van Zuidoost-Azië. Ooit een gerecht voor arme mensen en langzamerhand uitgegroeid tot een delicatesse die in de hele wereld gretig aftrek vindt. De bereiding kan uren in beslag nemen – niks voor Australiërs – dus dit is de *casual version*.

1 kg tijgergarnalen
500 g gewassen mosselen
3 teentjes knoflook
1 ui
4 takjes Aziatische laksa-munt, of
2 takjes pepermunt
4 kleine stronken paksoi,
zie bladzijde 87
1 rood chilipepertje
4 verse blaadjes kaffirlimoen,
zie bladzijde 88
2 kipfilets
zout
3 el plantaardige olie
1 stukje kaneelstok (3 cm)
2 kruidnagelen
250 g niet te dunne Aziatische tarwenoedels
4 dl ongezoete kokosmelk (blik)
2-3 tl rode currypasta (of nog beter *spicy special* **van bladzijde 26)**
1/2 tl gemalen kurkuma

1 Verwijder de pantsers van de garnalen en trek het zwarte darmdraadje eruit. Bewaar de pantsers. Spoel de mosselen af onder de kraan en gooi geopende exemplaren weg. Pel de knoflook en de ui en snijd beide fijn. Was de munt en hak de blaadjes fijn. Was de paksoi, maak de stronken schoon en snijd ze in vier parten. Snijd het chilipepertje fijn en de blaadjes kaffirlimoen in reepjes.

2 Pocheer de kipfilets 10 minuten in een halve liter water met zout. Gaar de mosselen in een eetlepel olie 4 minuten in een pan met deksel. Gooi de mosselen die gesloten blijven weg en haal de anderen uit de schaal. Giet het mosselvocht door een filterzakje.

3 Bak de uienschillen en garnalenpantsertjes in de resterende olie. Blus dit mengsel af met 1 liter water, het pocheernat van de kipfilets en het gezeefde mosselvocht. Voeg kaneel en kruidnagel toe en laat alles 1 uur zachtjes koken. Giet de bouillon door een zeef. Kook de noedels als voorgeschreven op de verpakking.

4 Schep van de kokosmelk van de oppervlakte 4 eetlepels 'room' af en smoor hierin de knoflook, chilipeper, blaadjes kaffirlimoen, currypasta en kurkuma. Voeg het garnalenvocht en de resterende kokosmelk toe en gaar hierin de parten paksoi 1 minuut.

5 Snijd de kipfilets in dunne reepjes en verwarm het vlees in de soep met de garnalen, mosselen en munt. Laat alles 2 minuten zachtjes koken en verdeel intussen de gekookte noedels over de soepkommetjes. Giet hier de hete soep over en serveer direct.

Dranktip: ijskoud bier (bijv. Aziatisch bier als Bintang uit Indonesië), Pinot Gris, Gewürztraminer.

Life is a beach – een leven voor het strand

Australiërs en de zee, die horen gewoon bij elkaar. Toch is het moeilijk om te beschrijven wat de mensen down under nu precies voelen voor die onmetelijke oceaan. Hoogdravende woorden als 'verliefd op de zee' zal je uit hun mond niet snel horen, ze maken nu eenmaal niet zoveel woorden vuil aan datgene wat hun echt na aan het hart ligt. Om hun gevoel voor het water te beschrijven is het misschien maar het beste om ze gewoon eens te volgen naar de zee. Op naar het strand dus!

Ochtendgloren ergens in een kustplaatsje van het oosten van Australië. De zon stijgt net op aan de horizon en de eerste mensen verschijnen alweer op het strand. Een zwemmer trekt zijn ochtendbaantjes door de branding, zal wel in training zijn voor de triatlon van het komende weekeinde. De gloed van het kunstlicht in de Rockpool – een zwembad uitgehouwen in een rots voor mensen die in rustiger zeewater hun conditie op peil willen houden – wordt steeds meer verdrongen door het zonlicht. De taaie oude dame met haar groene badmuts is hier elke ochtend aanwezig. Verder buiten op het rif staat een man in oliejas en met klimijzer aan de voeten in de branding te vissen. In de ene hand heeft hij een hengel en aan de stok van zijn lamp in de andere hand hangt een emmer; voor de vangst die hij hoopt te bemachtigen. Misschien vangt hij wel een snapper, die komen hier ook wel eens voorbij.

Intussen is het strand zelf ook niet meer helemaal leeg. Een paar joggers rennen door het nog koele zand en verderop loopt een vrouw aan de vloedlijn blootsvoets haar hond uit te laten. In het strandcafé stoot de espressomachine alweer de eerste stoom uit en de frituurpan voor de fish'n' chips komt voor alle zekerheid ook alvast weer op temperatuur. In het clubhuis van de reddingszwemmers wordt het licht uit gedaan en de helden van de dag slenteren met rode badmutsen op en hun strakke gele poloshirts aan richting het water. Een vlaggenstok, een luifel als bescherming tegen de zon en een surfboard van buitensporig grote afmetingen mogen natuurlijk niet ontbreken. Nadat ze de branding hebben gecheckt en hebben vergeleken met de voorspellingen, markeren ze de veilige zone waarbinnen zwemmers zich in de oceaan kunnen wagen. De stromingen aan de kust van Australië zijn verraderlijk en wie niet *between the flags* blijft, wordt door de normaliter uiterst relaxte *lifesavers* genadeloos teruggefloten.

Het meest gehoorzaam zijn de moeders met hun kinderen die in de loop van de ochtend het strand bezoeken, als de zon nog niet al te heet is. De kleintjes zijn al wel goed beschermd tegen de zon, want zonder felgekleurd short, shirt en petje zal geen Australische moeder haar kind tegenwoordig nog het strand op sturen. De ultraviolette stralen liggen nu eenmaal altijd op de loer. In het weekend komen ook de vaders, grootvaders en andere familieleden, altijd wel iemand om de *eskie* (de koelbox die in geen enkel Australisch huishouden mag ontbreken) te dragen. De koelbox moet minimaal 20 liter inhoud hebben en moet in gesloten toestand tegelijkertijd kunnen dienen als zitje voor twee personen; dan mag het pas een eskie genoemd worden. De inhoud verschilt natuurlijk per eigenaar: een doorsnee familie zal waarschijnlijk een paar sandwiches, koude kip, wat pakjes yoghurt, veel cola en

een of twee flesjes bier meenemen. De echte *mates* daarentegen zullen hun koelbox volstouwen met bier en mogen hopen dat er nog wat plek over is voor een paar grillworstjes en de fles tomatenketchup voor de barbecue die later op de parkeerplaats zal plaatsvinden. Als de vriendenclub wat meer gemengd is en ook dure zonnebrillen en nieuwe fourwheel-trucks het beeld mede bepalen, dan zal in de koelbox waarschijnlijk ook wel een plekje zijn ingeruimd voor een fles Chardonnay en een handvol garnalen, al worden ook hier de worstjes en bier niet vergeten.

Vanaf vijf uur 's middags begint het strand leeg te lopen – alsof het strand op een zondag eigenlijk ooit wel vol wordt – en nemen de joggers, gepensioneerden en wandelaars het spel weer over. Ook de meeuwen en surfers laten zich weer zien. Voor hen begint hier het paradijs pas als de andere badgasten er nog niet zijn of alweer weg zijn en de golven 'passen'. Als ze de smalle strook tussen het zand en de eerste golf hebben ingenomen, dan zijn de surfers volledig in hun element. Gehurkt op hun surfboards laten ze zich rustig drijven op de nog kleine golfjes, voordat ze als op een onzichtbaar teken opeens allemaal richting land razen om daarna druk peddelend de volgende golf te bereiken. En weer richten ze zich op hun surfboards op en razen in vliegende vaart van de kam van de golf op de kust af.

Zo'n dagje aan het strand toont duidelijk waar de Australiërs zich het meeste in hun element voelen: aan het strand dus. Strandpicknicks en strandbarbecues hebben voor Australiërs bijna een rituele betekenis, voorzover

dat voor blanke Australiërs natuurlijk mogelijk is. Voor fish'n' chips geldt dit natuurlijk helemaal, want deze snack smaakt alleen maar in een strandtentje en daar heeft elke Australiër zijn eigen favoriete stekje voor. Het is niet voor niets dat fish'n' chips nergens zo goed smaakt als in Australië; hier zitten nu eenmaal de echte liefhebbers, die je niet voor de gek kunt houden.

Bij de allerbeste shops kunnen de echte kenners kiezen uit fish'n' chips van wel tien verschillende vissoorten. Van eenvoudige brasem tot edele barramundi, wat een keuze! Maar ook diegene die de gebruikelijke haai – in plaats van *shark* ook wel lieflijker *flake* genoemd – in het frituurvet dompelt, zal nooit een kant-en-klaar gepaneerd product uit de diepvries durven en willen kopen. De geheime receptuur van het frituurbeslag is een thema waar zelfs Australische mannen nog wel eens een verhitte discussie over willen opstarten. Zo'n discussie wordt natuurlijk het meest constructief als men in de tussentijd al pootjebadend aan de branding zit met een lekker koud flesje bier uit de eskie aan de lippen, terwijl men ook nog eens verlekkerd het laatste stukje haai oppeuzelt. Dat beetje zand tussen de tanden nemen we natuurlijk op de koop toe. *Life is a beach, mate.*

fish'n' chips

een australisch lesje voor de britse keuken

Zelfs fastfoodketens lukt het gelukkig niet om de Australiërs los te weken van hun liefde voor fish'n' chips. En dat is niet zo vreemd, want met het gebruik van zulke fantastische en verse vis is de smaak onovertroffen en verbleekt het Britse origineel tot een fletse hap frituur.

1 citroen
4 stevige witte visfilets, circa 150 g (bijv. haai of brasem, voor bijzondere *barramundi* of wijting, zie bladzijde 86)
witte peper
1 ei
100 g bloem
70 g aardappelzetmeel
zout
700 g vastkokende aardappels
circa 3 kg plantaardig vet voor het frituren
bloem voor het paneren

1 Was de citroen en snijd hem in 6 parten. Pers twee parten uit en wrijf de vis daarmee in. Bestrooi de vis vervolgens met peper. Splits het ei en meng het eigeel met 1/4 l water, bloem, zetmeel en zout.

2 Schil de aardappelen en snijd ze in fritesvorm. Verhit in de friteuse of in een grote pan de helft van het frituurvet tot 160 ºC. Bak de frites hierin per portie tot ze bruin beginnen te kleuren. Haal de frites uit de pan en laat ze goed uitlekken. Frituur niet te veel frites in één keer, want dan koelt het vet te veel af en zuigen ze zich vol met vet.

3 Verwarm in een tweede friteuse of andere pan de rest van het vet tot 180 ºC. (Deze tweede frituur is heel belangrijk omdat alles nu tegelijkertijd klaar kan zijn en frites en vis niet de smaken van elkaar gaan aannemen). Klop de eiwitten stijf en schep ze door het onder 1 aangemaakte eigeel.

4 Breng de filets op smaak met zout, wentel ze door de bloem, haal ze door het eibeslag en frituur de vis in 3-4 minuten in het hete vet tot goudbruin en knapperig. Bestrooi ze nogmaals met wat zout. Serveer de fish'n' chips met een partje citroen. Als tijdens de consumptie een plekje met uitzicht aan zee wordt gevonden is het natuurlijk helemaal goed. Geef hier een tartaar- of remouladesaus bij, maar nooit mayonaise of ketchup!

Dranktip: Bier, ijskoud en uit de fles, nooit uit een glas!

beach barbecue

inktvis, st. jakobsschelpen en garnalen van de grill

Wie het Australische strand bij wijze van spreken in zijn achtertuin heeft, prepareert zo'n barbecue in een handomdraai. Ook voor de ingrediënten hoeft men niet ver te reizen. Wij Europese stervelingen moeten helaas wat dieper in de buidel tasten of het geld gelijk maar opzij leggen voor een strandvakantie.

Voor de inktvis:
300 g schoongemaakte babyoctopus
1 el zwarte bonen, zie bladzijde 88
4 el ketjap manis (Indonesische sojasaus, zie bladzijde 88)
1 el tomatenketchup

Voor de schelpenkebab:
2 limoenen
1 dl olijfolie
1 tl tandoori-kruidenpasta (of kerriepoeder)
12 st. jakobsschelpen met baard
8 blaadjes kaffirlimoen (of citroenblaadjes), zie bladzijde 89
4 plakjes bacon of gerookt spek

Voor de Thaise garnalen:
12 tijgergarnalen
1 klein rood chilipepertje
1 teentje knoflook
1 stukje verse gember (2 cm)
1 tl palmsuiker (zie bladzijde 89) of bruine suiker
1 el olie

grillspiesen
zout, limoenen

1 Snijd de inktvis in stukjes. Snijd de zwarte bonen fijn, meng ze met de overige ingrediënten en plaats de inktvis 3 uur in deze marinade. Pers de limoenen uit en meng het sap met de olijfolie, kruiden en peper. Laat de st. jakobsschelpen samen met de blaadjes kaffirlimoen hierin 30 minuten marineren.

2 Verwijder het pantser en de zwarte darmdraadjes van de garnalen, maar laat de staartjes intact. Maak de chilipeper schoon, schrap de gember, pel het teentje knoflook en snijd alledrie fijn. Meng hier de suiker en olie door en marineer hierin de garnalen 30 minuten.

3 Rijg de garnalen in de lengte op de spiesen en bestrooi ze met zout. Rijg afwisselend de st. jakobsschelpen, blaadjes kaffirlimoen en bacon op de spiesjes, waarbij de bacon de st. jakobsschelpen deels moet omsluiten. Halveer de limoenen en haal ze door de marinade van de st. jakobsschelpen.

4 Haal de inktvis uit de marinade en schraap het een beetje schoon. Gaar de inktvis in 2-3 minuten op de gloeiend hete grill, draai het meermaals om en bestrijk het weer met marinade. Gril de garnalen in 1-2 minuten aan weerszijden gaar, gril de limoenparten 4-5 minuten en serveer alles tegelijk.

Dranktip: Bier of een kurkdroge Australische Riesling, beide ijskoud uit de koelbox.

snapper in bananaleaves

snapper in bananenblad

Als het gaat om vis die in zijn geheel wordt geserveerd, dan is snapper de beroemdste vis van Australië. De vis wordt hier gegaard in bananenblad, zodat hij niets aan smaak inboet.

4 niet al te grote snappers (circa 1 kg, zie bladzijde 86, anders goudbrasem)
1 stuk citroengras (10 cm, zie bladzijde 89)
2 dl kippenbouillon
1 dl sojasaus
6 el sesamolie
6 el rijstwijn
4 el palmsuiker (zie bladzijde 89, of riet- of bruine suiker)
8 lente-uitjes
2 bosjes koriandergroen
1 stukje verse gember (5 cm)
4 bananenbladeren (of 4 stuks aluminiumfolie, 40 x 40 cm)

1 Snijd de snapper aan de huidzijde driemaal kruisvormig in. Zo kan de marinade beter intrekken en gaart de vis in de relatief korte tijd gelijkmatiger. Maak het citroengras schoon, klop de stengel plat en snijd het in dunne ringetjes. Breng de ringetjes aan de kook met bouillon, sojasaus, sesamolie, rijstwijn en suiker en laat alles afkoelen. Leg de snapper 15 minuten in deze marinade en draai de vis meermaals om.

2 Maak de lente-uitjes schoon, halveer ze in de lengterichting en spoel de stengels af onder de kraan. Was de koriander en hak van één bosje de blaadjes fijn. Schrap en rasp de gemberwortel. Was de bananenbladeren en snijd ze zodanig dat ze eenmaal opgevouwen precies een vis kunnen bevatten.

3 Verwarm de oven voor op 200 °C (heteluchtoven 180 °C, gasstand 3). Leg op elk bananenblad twee halve stengels lente-ui en wat koriandertakjes. Leg hier de vis bovenop en verdeel hier gelijkmatig de ringetjes lente-ui, fijngesneden koriander en gember over. Besprenkel de vissen met de marinade, klap het bananenblad dubbel en sluit de pakketjes met keukengaren.

4 Leg de vispakketjes op een rooster in de oven en gaar het vlees 10-12 minuten. Het visvlees is dan nog enigszins glazig. Sla de pakketjes open en serveer de vis direct.

Dranktip: Pinot Gris of Australische Riesling.

mango madness
mango-granité

Als in de Northern Territory de regentijd en de mango-oogst beginnen, dan gaat het er ruig aan toe. 'Mango madness again,' zegt men dan niet voor niets. Laat met dit drankje die storm echter maar overwaaien!

100 g suiker
1/8 l water
600 g mangovruchtvlees (circa 2-4 mango's)
sap van 2 limoenen

1 Los de suiker op in kokend water en laat het afkoelen. Pureer het mangovruchtvlees en het sap van 1 limoen met dit suikerwater. Strijk het mengsel 2 cm hoog in een diepvriesbakje en zet het in de vriezer. Roer de mangopuree om als het mengsel begint te bevriezen.

2 Herhaal dit elk halfuur tot een smeuïge, maar niet al te stevige massa is ontstaan.

3 Giet de granité in de glazen en serveer deze verfrissende drank met limoenpartjes die de gast op het laatste moment nog over de granité kan persen. Voor wat meer *madness* is een scheut wodka een goede tip, helemaal na een lange dag aan het strand.

ice cream spider
smaakt beangstigend verfrissend

Dit is de exotische versie van de *ice cream soda* met een scheutje Engeland. De naam? Ach, dat zal wel Britse humor zijn.

4 passievruchten
2 sinaasappels
4 bolletjes vanille-ijs
1/4 l ijskoude ginger-ale

1 Halveer de passievruchten en schraap het vruchtvlees samen met de pitjes uit de schil. Pers de sinaasappels uit en roer het sap en de passievrucht met een vork door elkaar.

2 Giet het vruchtenmengsel in ijsgekoelde glazen en schep in elk glas 1 bolletje ijs. Vul de glazen met ginger-ale zodat de *spider* gaat schuimen. Serveer deze drank met een rietje.

land of oz

Land of Oz

Waar ligt de oorsprong van een landskeuken? Het traditionele antwoord luidt: in de keukens op het platteland. Australië is echter een jonge natie met een bevolking die gemakkelijk verkast en weinig tradities bezit, zeker geen culinaire. Anders dan in Europa bestaan er geen automatisch aanwezige vruchtbare regio's waar de boerenfamilies generaties lang recepten met ingrediënten van eigen bodem hebben doorgegeven. Dat betekent echter niet dat er geen boeren zijn. Maar veel immigranten uit Zuid-Europa of Azië weten echter wel degelijk wat zwoegen op het land betekent en willen dat daarom in hun nieuwe vaderland niet meer oppakken. Het karige land maakt de landbouw natuurlijk ook niet echt aantrekkelijk en de meeste mensen wonen nu eenmaal in de steden.

Zo was het in de begintijd van Australië. Alleen de grote landbouwfirma's van overzee schenen genoeg kracht te hebben om de gordel tussen de rode woestijn en de kust vruchtbaar te maken. Enorme weidevelden en plantages werden aangelegd op relatief schrale grond, die tot op de dag van vandaag met de nodige hulpmiddelen vruchtbaar gehouden moeten worden. Wie in de zomer op de *hume highway* tussen Sydney en Melbourne rijdt, zal snel geloven dat Australië uit wuivende, kunstmatig geïrrigeerde korenvelden bestaat. Wie iets nauwkeuriger kijkt, ziet dat het landelijke Australië uit meer bestaat dan alleen woestijn, reusachtige plantages en *outbackpubs,* waar ijsgekoeld bier en opgewarmde meat pies worden geserveerd. Het heimwee van de stedelingen naar dat kleine stukje *good old country* is nu eenmaal te groot.

Vooral in de herfst en de winter wordt de drang naar het platteland met zijn *hearthfood* sterk, naar die hartverwarmende ovengerechten en taarten die men graag serveert bij een knapperend haardvuur met een goed glas rode wijn uit de kelder van de plattelandsherberg. Deze idylle vervliegt echter al snel als we beseffen dat de meeste Australische huizen helemaal geen kelders hebben. In de Blue Mountains – het recreatiegebied van Sydney – wordt het ook al niks met die regionale keuken, hier groeien enkel eucalyptusbomen. Ach, zo zwaar tilt de Australiër toch niet aan die haardvuurromantiek, anders zou die *Christmas in July* – in de Australische winter de absolute hit in de etablissementen van de Blue Mountains – toch niet gevierd worden?

De *melbourians* hebben het al heel wat beter, zij kunnen tijdens een trip langs de Murray River in de eethuisjes aan de oever tenminste verse vis uit de rivier proberen. Adelaide – met in het achterland de Barossa Valley – doet het hier ook heel wat beter. Hier groeien de lekkerste groenten en vruchten van Australië. Wijnboeren, producenten en restauranteigenaars hebben intussen zo'n hecht netwerk aan goede adressen opgebouwd dat in deze vallei misschien nog wel het beste een enigszins vastomlijnd beeld van een regionale keuken geschilderd zou kunnen worden. Wijnregio's en fijnproevers gaan nu eenmaal altijd goed samen, ook Tasmanië is daar een goed voorbeeld van. Met een iets strenger klimaat en een zuivere natuur is dit gebied een van de meest vruchtbare gebieden van het land geworden. De Tasmaanse appel – de Granny Smith komt hier vandaan – en vooral de kaassoorten van het eiland zijn in heel het land geliefd. Dit klinkt

een beetje als Klein-Frankrijk, met veel geëngageerde kleine boeren en producenten, maar toch valt ook hier niet echt een regionale keuken te ontwaren.

Michael Symons, de culinaire schrijver van Australië met de meest vooruitziende blik, gelooft niet dat in zijn vaderland in de nabije toekomst culinair afgebakende regio's zullen ontstaan. Maar hij heeft wel een sprankje hoop, want tussen Adelaide en Darwin zijn de gastronomische verschillen al wel heel wat groter dan vijftig jaar geleden het geval was. Symons verklaart dit aan de hand van een eenvoudig model: hij heeft de vier vruchtbare regio's van Australië vergeleken met identieke klimatologische en geografische regio's in de wereld. Tasmanië, het zuiden van Victoria en het zuidelijke puntje van New South Wales vormen de koele zone, enigszins vergelijkbaar met het klimaat van Midden-Europa. Alles wat verder bezuiden de lijn van Perth naar Sydney ligt, behoort tot de mediterrane zone. Van Sydney, via Brisbane naar Rockhampton ligt tussen de Great Dividing Range en de oostkust de subtropische zone. Het zuiden van China met de regio Kanton, het zuiden van Japan met Tokio en Zuid-Afrika en de gebieden rond Buenos Aires en New Orleans komen hiermee het beste overeen. De rest van Queensland tot aan Cape York, het noorden van de Northern Territory en de Kimberleys zijn tropisch, net als het zuiden van India, Zuid-Vietnam en Thailand.

Voor veel in de loop der tijden ontstane culinaire kenmerken biedt dit klimatologische model een plausibele verklaring: de zwak van de melbourians voor het Europese, de kaas en de wijn uit Tasmanië, de olijfolie van Kangaroo Island, de zoetscherpe vis van de nachtmarkt in Darwin.

Het meest verwonderlijke is echter dat de klimaatzone van Sydney precies overeenkomt met die van steden en gebieden waarvan de keukens de hoofdstad culinair hebben geïnspireerd, zoals Kanton en het zuiden van Japan. En net als in Zuid-Afrika en New Orleans is ook in Sydney een typische fusionkeuken ontstaan. Kan dat toeval zijn?

Waarom moet zo'n jong land eigenlijk naar dergelijke oude maatstaven worden gemeten? Moet Australië echt eerst een lange reeks van traditionele regionale keukens bezitten voordat van een landskeuken sprake mag zijn? Deze vormt zich ogenschijnlijk zo ook wel, hier alleen eerder geïnspireerd op continenten dan op generaties. Hier werken koks samen die uit hun vroegere vaderland hun favoriete ingrediënten hebben meegenomen en die hun culinaire ervaringen graag willen delen met hun medestrijders in de keuken.

Sommige producten en gerechten zijn al echt Australisch en daarbij komt natuurlijk nog de bushfood van de aboriginals die wél op een traditie van duizenden jaren kan bogen. Typische Australische gelegenheden om dit samen te laten komen zijn er genoeg. Een picknick in de wijngaard bijvoorbeeld met camembert uit Tasmanië en rode biet in gembernat. Of wat te denken van een autostop met een meat pie gevuld met *chickencurry*, een met wilde tomaten gekruide ragout bij het haardvuur, een barbecue met kangoeroevlees en lamskoteletjes of Anzac Day met biscuitjes en Indiase thee? Wie van deze Australische keuken op het platteland geniet, weet precies waar de ingrediënten vandaan komen. Misschien kan hier de culinaire toekomst van het land wel een beetje worden geproefd.

land of oz

land of oz

lady's lunch
als dames reizen

Tijdens de *ploughman's lunch* genoten de boeren vroeger aan de rand van het akkerveld van hun welverdiende rust en sterkten zich voor de rest van de dag met ham, kaas en groenten uit het zuur. De *lady's lunch* is hier het moderne antwoord op, ideaal als proviand voor een tripje naar het platteland.

Voor 6 personen

Voor de ingelegde sinaasappels:
2 teentjes knoflook
1 stukje verse gember (3 cm)
1 el kardemompeulen
1 tl venkelzaadjes
2 laurierblaadjes
350 g suiker
1/2 tl zout
4 onbespoten sinaasappels

Voor de rode bieten-pickles:
600 g rode biet, inclusief bietbladeren
1 rood chilipepertje
1 stukje verse gember (3 cm)
2 teentjes knoflook
1 stukje mierikswortel (4 cm)
2 tl zout, 50 g suiker
3 dl sherry-azijn

Verder:
500 g terrine van gevogeltelever
500 g kaas, bijv. blauwe kaas of camembert
versgebakken zuurdesembolletjes

1 Pel of schrap voor de gemarineerde sinaasappels de knoflook en gember en snijd ze in plakjes. Laat gember en knoflook 5 minuten koken in 1/2 liter water met kardemompeulen, venkelzaadjes, laurierblad, suiker en zout. Borstel en spoel de sinaasappels schoon en laat ze 45 minuten zachtjes koken in het gekruide water tot de schil zacht is geworden. Vul de sinaasappels met de siroop in een weckfles en laat ze minimaal een week staan voor het serveren.

2 Was de rode bieten en maak ze schoon. Laat een klein stukje van de wortel en de blaadjes aan de knol. Kook de rode bieten in water met zout in 8-10 minuten beetgaar. Grotere exemplaren moeten iets langer koken. Pel de rode bieten terwijl ze nog heet zijn. Snijd de grote exemplaren in twee of vier parten. Trek eventueel keukenhandschoenen aan tegen verkleuring van de handen.

3 Maak het chilipepertje schoon, verwijder de pitjes en snijd het fijn. Pel of schrap knoflook en gember en snijd ze fijn. Schrap de mierikswortel en rasp het stukje knol fijn. Breng alledrie aan de kook in 1/4 liter water met zout, suiker en azijn. Doe de rode biet in weckflessen, giet het gekruide water erover en laat de flessen voor het serveren minimaal twee weken goed afgesloten staan in de koelkast.

4 Pak op een mooie dag bovenstaande lekkernijen in, gris wat gevogelterrine, kaas, broodjes en natuurlijk een mooie fles wijn mee en het is genieten geblazen in de buitenlucht.

Dranktip: Gewürztraminer voor wittewijnliefhebbers, Merlot voor fans van rood en rode Shiraz sekt voor wie niet kan kiezen.

mate's meat pie

vleespasteitjes voor ruwe bolsters

land of oz

Deze meat pie is de ultieme bekroning van een *true australian mateship*. Samen met de andere *mates* zittend op een muurtje of in de outback-pub met de boys van de *road train* smaakt hij het best. Wie zijn tong hierbij van gulzigheid niet verbrandt, is voor zijn Australische vrienden natuurlijk geen echte kerel.

Voor 4 grote of 8 kleine pasteitjes

Voor het pasteideeg:
1 dl water
1 dl melk
1 tl zout
150 g boter
500 g bloem

Voor de vulling:
800 g suddervlees van het rund
(bout of schouder)
1 ui
100 g gerookt spek
4 el olie
4 dl heldere bouillon
2 el worcestersaus
2 el bloem
5 el bier

Verder:
zout, peper
bloem voor het uitrollen
4 of 8 ronde pasteivormen
(doorsnede circa 15 of 8 cm)
boter voor de vormpjes
eigeel voor het bestrijken
tomato-sauce (Australisch voor tomatenketchup)

1 Breng het water met de melk, boter en het zout aan de kook. Giet dit mengsel direct bij de bloem en kneed alles tot een egale massa. Dek het deeg af en zet het weg.

2 Snijd het vlees en het spek in dobbelsteentjes van 1 cm. Pel en snijd de ui. Bak het vlees per portie aan in olie en voeg bij de laatste portie het spek en de ui toe. Breng het op smaak met zout, peper en worcestersaus en giet de bouillon erbij. Laat het vlees met deksel op de pan 1 uur op laag vuur sudderen. Meng het bier door de bloem en roer dit mengsel door het suddervlees. Haal hierbij wel eerst de pan van het vuur! Breng het vlees nog één keer aan de kook en laat het dan afkoelen.

3 Rol tweederde van het deeg op een met bloem bestoven werkoppervlakte 5 mm dik uit. Snijd hieruit 4 of 8 rondjes met een doorsnede die 2 cm of 4 cm groter is dan de vormpjes. Bestrijk de vormpjes met boter en bekleed ze met het deeg. Vul de bakjes voor drievierde met vlees – inclusief saus – en klap de opstaande deegrand naar binnen.

4 Verwarm de oven voor op 160 °C (heteluchtoven 140 °C, gasstand 1-2). Rol het resterende deeg uit en snijd hier 4 of 8 dekseltjes uit. Bestrijk de rand van de pasteitjes met eigeel, sluit ze af met de deegdekseltjes en druk de randen ietwat aan. Bestrijk de pasteitjes met eigeel, bak ze in 1 uur knapperig in de oven en laat ze daarna nog 10 minuten staan in de uitgeschakelde oven. Serveer de pasteitjes met *tomato-sauce*.

Dranktip: ijskoud Aussie-bier van betere kwaliteit, zoals James Boag's, Coopers of Hahn. Wijn? Okee, maar dan wel een Shiraz met heel veel power, anders wordt het helemaal niks!

land of oz

vleespastei voor echte vrouwen

girl's pc pie

De *mateship* mag dan nog wel worden beschouwd als de basis van de Australische maatschappij, maar de vrouwen kunnen er onderhand ook wat van. Ook de meat pie hebben ze zich durven toe-eigenen, al is deze wel omgetoverd tot *politically correct pumpkin chicken pie*.

6 kipfilets
50 ml droge sherry
3 el sojasaus
1 el kerriepoeder
1 tl zetmeel
200 g pompoenvlees
4 lente-uien
3 el boter
3 el bloem
2 dl kippenbouillon
2 dl droge witte wijn
zout, peper

Verder:
1 portie *pie*-deeg (recept op bladzijde 62)
bloem voor het uitrollen
4 of 8 pasteivormen (doorsnede circa 15 of 8-10 cm)
boter voor de vormpjes
eigeel voor het bestrijken

1 Snijd de kipfilets in blokjes. Maak een marinade van sherry, sojasaus, kerriepoeder en zetmeel. Laat de kip hier 30 minuten in staan. Snijd het pompoenvlees in blokjes, maak de lente-uitjes schoon, was ze, snijd ze in ringetjes en bak beide in de boter. Stuif de bloem erover en giet al roerende de bouillon en wijn erbij. Laat dit mengsel 10 minuten zachtjes koken en breng het op smaak met zout en peper. Laat het mengsel afkoelen. Meng het pompoen/lente-uimengsel daarna met de marinade.

2 Verwarm de oven voor op 160 °C (heteluchtoven 140 °C, gasstand 1-2). Prepareer de pasteitjes, zoals beschreven op bladzijde 62, bestrijk ze met eigeel en bak ze in circa 1 uur gaar.

Dranktip: een Woodened Chardonnay of een Pinot Noir.

kid's meat pie

vleespastei voor stoere boyz en girlz

Kinderen zijn in Australië stuk voor stuk kleine prinsjes en prinsesjes die meestal wel krijgen wat hun hartje begeert. Bijvoorbeeld een meat pie, helemaal voor hen alleen!

Voor de vulling:
1 ui
800 g gehakt, 4 el olie
4 el tomatenpuree
3 el bloem
4 dl heldere bouillon
150 g diepvriesdoperwten
zout, peper

Verder:
3/4 portie *pie*-deeg (recept op bladzijde 62)
bloem voor het uitrollen
4 of 8 ronde pasteivormpjes (doorsnede circa 15 of 8-10 cm)
boter voor de vormpjes
300 g aardappelen
3 eidooiers
tomato-sauce (Australisch voor tomatenketchup)

1 Pel de ui en snipper hem fijn. Braad het gehakt per portie aan en bak bij de laatste portie ui en tomatenpuree mee. Bestuif het vlees met bloem. Voeg al roerende de bouillon en doperwten toe – houd een paar doperwten achter de hand – en laat het vleesmengsel 15 minuten zachtjes koken. Voeg zout en peper toe en laat het vlees afkoelen.

2 Bekleed de vormpjes met deeg, net als bij de *mate's pie*. Schil de aardappelen, snijd ze in vier parten en kook ze gaar in water met zout. Giet de aardappelen af, laat ze uitdampen en duw ze door de aardappelpers. Meng de geperste aardappelen met twee eidooiers en schep de aardappelen in een spuitzak met stervormig tuitje. Verwarm de oven voor op 160 °C (heteluchtoven 140 °C, gasstand 1-2). Vul de pasteivormpjes met het gekruide gehakt, spuit hier het aardappelmengsel op, bestrijk dit met eigeel en versier de pasteitjes met de resterende doperwten. Bak de *kid's pies* in 1 uur gaar en serveer ze met *tomato-sauce*.

Dranktip: Ginger Beer (bevat vanzelfsprekend geen alcohol).

Bushfood – leven met de dorre grond

Hoe lang moet kangoeroevlees bakken in een gat in de grond, voordat het vlees gaar is? 'Een halfuur,' antwoordt Jampijinpa, de wijze man van de walpiristam. Zijn geboortegrond ligt in de Tanami-woestijn, ten noordwesten van het rode hart van Australië. Hier is Australië op zijn heetst. Hoe kan men hier overleven?

Met die kangoeroe in 30 minuten bijvoorbeeld. Als het vlees een halfuur onder de grond heeft gegaard, zitten alle lekkere vleessappen nog onder het vel. Wie in de Tanami-woestijn wil overleven moet weten hoe hij zonder al te veel moeite energie en vocht kan opslaan. Voor de woestijnbewoner mag het geen geheim zijn waar hij vruchten kan verzamelen. Dat hij deze wijsheden doorgeeft aan latere generaties is van levensbelang.

Sinds generaties hebben de walpiri op deze wijze hun stam met zijn gebruiken weten te behouden, al worden daarvoor tegenwoordig ook moderne middelen niet geschuwd. Jampijinpa – de letterlijke vertaling luidt 'regen en emoe' – was zelfs al in Amerika om de taal van zijn volk in een woordenboek vast te leggen. Hij krijgt nog steeds een glimlach op zijn gezicht als hij zich herinnert dat hij in Amerika een lange broek droeg, terwijl het in Australië hartje zomer was. Nu staat hij met een lendendoek om en met beschilderd bovenlichaam toeristen te woord in Alice Springs en vertelt Amerikaanse toeristen over de tradities van de Australische oerinwoners.

Karina is opzichter in het Alice Springs Desert Park, waar de dieren- en plantenwereld van de Red Centre valt te bewonderen. Vandaag spreekt ze over bushfood. Met haar naar achteren gekamde haren, spiegelglazen en kaki uniform is ze niet direct als aboriginal te herkennen. Op deze windstille dag is het ondraaglijk heet in het park en buiten ons blijkt niemand behoefte te hebben om haar verhaal aan te horen. Karina vertelt hoe de aboriginalvrouwen vroeger voor een in de hete gloed gebakken brood de acaciazaadjes fijnmaalden. Van onder haar zitje haalt ze een boomstam tevoorschijn, die ze ronddraait totdat een vingerdikke, bijna 10 cm lange rups uit een opening kruipt.

Dit is de *witchetty grub* die in de wortels van een bepaalde woestijnstruik gevonden kan worden. De larven van deze grijze motten smaken gebakken wel wat naar pindakaas. De larven kunnen echter ook rauw worden geconsumeerd: de *bush*-gourmet slurpt dan de inhoud van het diertje gewoon naar binnen, zoals met een oester vaak gebeurt. Net als bij die zoutwatermossel ontpopt dit hapje zich als een eiwitbom *pur sang*, heel belangrijk in het traditionele voedingspatroon van de aboriginal. Tegenwoordig gaan de aboriginals toch steeds meer voor het 'Europese' vet- en koolhydratenrijke dieet. De vrouwen komen nu weliswaar niet al midden twintig meer in de overgang, maar diabetes en alcoholisme zijn daarvoor in de plaats gekomen. De bushfood-traditie gaat langzaam verloren.

Tijdens de demonstratie van de aboriginalcultuur in het Alice Springs Desert Park valt het niet zo op, maar toch hebben de meeste oorspronkelijke bewoners zich behoorlijk vervreemd van hun eigen continent. Toen de eerste kolonisten zo'n 200 jaar geleden voet aan wal zetten beschouwden ze de oorspronkelijke bewoners helaas eerder als dieren dan als mensen. Pas tegen het einde van de 20e eeuw drong het besef door dat men hier te maken had met een oeroude cultuur die – zonder gebruik te maken van boeken of tempels – toch over een indrukwekkend arsenaal aan overleveringen en gewijde planten beschikte. Het was helaas te laat om het volk nog op natuurlijke wijze levensvatbaar te houden. En ook veel te laat voor al die verhongerde kolonisten, wat hadden zij veel kunnen leren van de overlevingsstrategieën die elke stam in zijn eigen gebied had ontwikkeld!

Maar Karina's stam, die leeft in de buurt van Ayers Rock – door het volk van Arrente Uluru genoemd –, probeert rituelen als de zoektocht naar bushfood in ere te houden. Hier trekken moeders met kinderen er 's ochtends vroeg nog op uit om de oogstgronden van de yamwortels en de bushtomaten te bezoeken en leren hun kinderen het voedsel te prepareren. Ook de overlevering van kennis op de volgende generatie die via *songlines* ook aan reizigers wordt meegegeven behoort tot het lesrepertoire. De aboriginals van de Red Centre weten van het bestaan van circa 150 verschillende eetbare dieren en planten in hun gebied, van truffelachtige paddestoelen onder de grond tot insecten die alleen maar op een bepaald soort blad zitten. Een mens moet hier de beschikking hebben over 25 vierkante kilometer grond om voedsel te vinden, dus een beetje zoeken is het wel. Recepten, gerechten, vaste eetpatronen en dergelijke zijn begrippen die de aboriginal dan ook niet kent, hij moet al zijn energie gebruiken om eetbare producten te verzamelen.

Dit veranderde pas toen de nieuwe zelfbewuste Australiër zich in de jaren tachtig begon te interesseren voor deze oeringrediënten. Pionier Vic Cherikoff schreef populaire boeken over bushfood en introduceerde bij zijn grootstedelijke lezers vele nieuwe spannende ingrediënten. In veel regio's sloegen gastronomen, milieuorganisaties en aboriginalgemeenschappen de handen ineen, wat bijvoorbeeld leidde tot een project als *Basically Wild Edible Art* in Queensland. De hoop op een nieuwe oer-Australische keuken kreeg hiermee weer nieuwe voedingsbodem. Ook de hippe metropolen werden aangestoken door deze trend tot 'helemaal oer' en er kwamen gerechten als 'in boombast gegaarde zalm' op de kaart. Met de Red Ochre Grill ontstond zelfs een kleine keten van bushfood-restaurants.

Maar tot in de schappen van de supermarkten en tot op de eettafel van de gemiddelde Australiër hebben deze oerproducten het nog niet weten te schoppen. Ach, en ook de foodscene heeft allang weer nieuwe invloeden en trends. Alleen een harde kern van bushfood-aanhangers is nu overgebleven. Wie ooit op bushfood-safari in de Red Centre is geweest zal kunnen beamen dat deze keuken meer respect verdient. De groenstrook in de rotsspleet van Uluru is opeens meer dan alleen maar een mooi kleurcontrast met de zandsteenrode rotsen. Ook op andere plekken blijkt het te krioelen van leven, al leek het op het eerste gezicht misschien alleen een dorre woestenij te zijn. Opeens is dit continent meer dan een avontuurlijke speelplaats voor rusteloze zoekers en blijkt uit meer te bestaan dan uit zijn grootstedelijke bewoners wier levensdoel het schijnbaar is om zo mondain mogelijk door het leven te gaan. De wildernis is al snel vertrouwder geworden en hier begint de magie van Australië pas echt scherpere contouren aan te nemen. Langzaam, maar intensief. Het begin van een levenslange betovering en wie weet nog wel veel langer.

bushtomato curry with melons
curry van bushtomaat met meloen

Het jongste recept van dit boek. Deze combi ontstond op een tour door de Red Centre toen we gedroogde bushtomaten wisten te vinden. Verse bushtomaten zijn niet eetbaar, maar in gedroogde vorm ontvouwen ze hun overweldigende en licht bitterzoete aroma. (Dat sommige giftig zijn, hoorden we gelukkig pas later.)

1 handvol gedroogde bushtomaten (of 3 el gemalen), zie bladzijde 88
1-2 geurige gele meloenen
1 bosje lente-ui
3 el olie
1 el currypoeder
1 blik gepelde tomaten (circa 800 g)
circa 1/2 beker zoete chilisaus (of 1/8 l)
1 el gedroogde Australische bushmunt, zie bladzijde 88
1 el gedroogde Australische *lemon myrtle*, zie bladzijde 88
zout, peper

verder:
1 *camp oven* (Australische gietijzeren pan voor het garen en braden boven een kampvuur of hete kolen)
1 kampvuur

1 Maal de bushtomaten met behulp van een steen fijn op een grote platte steen (in een vijzel mag bij hoge uitzondering ook). Halveer de meloenen, verwijder de pitjes en snijd ze in dunne parten. Verwijder de schil en snijd het vruchtvlees in stukjes. Maak de lente-uien schoon en snijd ze in ringetjes.

2 Bak de lente-uien in de *camp oven* in hete olie. Bak het currypoeder een paar seconden mee en voeg daarna de bliktomaten, inclusief tomatennat, chilisaus, bushtomaten en kruiden toe. Breng de curry op smaak met zout en peper en laat alles 10 minuten zachtjes koken. Laat de meloenblokjes nog een paar minuten meesudderen.

Variant: zo gaat het in de eigen vertrouwde keuken: doe twee handenvol gedroogde – niet in olie ingelegde – Europese tomaten in de mixer of maal ze fijn in de stamper. Vervang de bushmunt door gewone muntblaadjes en de *lemon myrtle* door citroengras of limoenschil. Houd verder de bereidingswijze van hierboven aan, alleen dan wel in de gewone vertrouwde pan op het eigen fornuis.

Dranktip: water, Woodened Chardonnay of een Pinot Noir.

tasmanian salmon with paperbark
tasmaanse zalm, gegaard in boomschors

Paperbark is een vochtige soort boomschors, die aboriginals gebruiken als omhulsel voor het garen van delicate ingrediënten boven een hete gloed. Zo blijven de levenssappen in het product behouden en gaat de smaak ook niet verloren. Gewikkeld in dubbel bakpapier en gewoon bereid in de oven smaakt de vis trouwens ook naar behoren.

Voor 4-6 personen

1 tl limoensap
1/2 tl versgemalen zwarte peper
1/2 tl gemalen lemon myrtle of gemalen citroengras, zie bladzijde 88
1 tl zeezout
1 verse zalmfilet, schoongemaakt, met aan één zijde vel (700-800 g)
2 handvol postelein (of bladspinazie)
1 stuk *paperbark* **(circa 50 x 25 cm), of bakpapier**
keukengaren

1 Meng het limoensap met peper, lemon myrtle en zeezout. Snijd de witte delen van de zalm weg, evenals het platte uiteinde en verwijder de graatjes. Wrijf de vleeskant in met het gekruide zout en laat de vis 15 minuten liggen op kamertemperatuur. Was de postelein, schud de blaadjes droog en maak de postelein schoon.

2 Verwarm de oven voor op 200 °C (heteluchtoven 180 °C, gasstand 3). Spreid de paperbark uit over een werkoppervlakte en verwijder de losse vezels. Leg de zalm met de huidzijde naar beneden op de boomschors, verdeel hier de posteleinblaadjes over en druk deze stevig aan,

3 Klap de paperbark over het kop- en staartgedeelte van de vis en rol de boomschors op. Sluit het pakketje af met keukengaren en leg de zalm met de huidzijde naar onderen op een bakblik.

4 Gaar de zalm in het midden van de oven in 15 minuten gaar. Schakel de oven uit, open de ovendeur en laat de zalm nog 15 minuten nagaren. Open het vispakket pas aan tafel, verwijder de posteleinblaadjes en snijd de filet aan.

Dranktip: Woodened Chardonnay of een mooi gerijpte Sémillon.

barbecue de luxe
als fijnproevers hun gang gaan boven de grill

land of oz

Niets is kenmerkender voor de Australische keuken dan een lekkere barbecue, misschien juist wel omdat de keuken hiervoor niet betreden behoeft te worden. De romantiek van een kampvuur spreekt iedereen aan, ook mensen in de grote steden die niets met de outback hebben. Zelfs in de schaduw van Uluru wordt namelijk al een verwarmde grillplaat gebruikt!

Voor 4-6 personen:

1 el sesamzaadjes
1/8 l plantaardige olie
1 el sesamolie
1 el sojasaus, 1 el honing
1 el limoensap
4 kangoeroesteaks à 150 g
(of hertenrug)

2 teentjes knoflook
70 ml olijfolie
4 el aceto balsamico
5 el tomatenketchup
rijkelijk zwarte peper
4 rundersteaks à 200g

verder:
1 bol knoflook
4 uien
2 limoenen
1 bosje rozemarijn
4 maïskolven, zout
1 kleine pompoen (circa 500 g)
2 handvol grote champignons
1 handvol kleine trostomaten (rood en groen)
olie voor op de grill

1 Rooster de sesamzaadjes lichtjes in de pan en meng ze met de ingrediënten uit het eerste lijstje tot een marinade. Leg het vlees hierin. Pel de teentjes knoflook uit het tweede lijstje, snijd ze fijn en meng ze met de andere ingrediënten uit het tweede lijstje door de marinade. Laat het vlees minimaal 12 uur in deze marinade in de koelkast staan. Het vlees af en toe omdraaien.

2 Snijd de knoflookbol door. Pel de uien en snijd ze in ringen. Was de limoenen en halveer ze. Was de rozemarijn en de groenten en dep ze droog. Veeg vuil van de champignons. Verwijder de draadjes en bladeren van de maïskolven, kook ze in water met zout in 15 minuten gaar en snijd ze in de lengterichting door. Halveer de pompoen, verwijder de pitjes en snijd ze in plakken van 1 cm. Draai de steeltjes van de hoedjes van de champignons.

3 Verwarm de grill, bestrijk het rooster met olie en strooi de rozemarijn en halve bollen knoflook in het vuur. Laat de steaks uitdruipen, breng ze op smaak met zout en peper en bak ze aan elke kant 1 minuut aan. Schuif ze daarna naar een plek op de grill waar het minder heet is en gril ze – af en toe omkerend – gaar. In 4 minuten zijn ze *medium rare*, in 6-7 minuten *medium* en in 10 minuten doorbakken (meestal de Aussie-standaard). Laat het vlees 5 minuten rusten naast de grill.

4 Breng intussen de groenten op smaak en kook ze gaar. Gril de uienringen in 10 minuten knapperig en goudbruin. Draai ze af en toe om. Gril de maïskolven en pompoenparten 2 minuten per kant. De champignons en tomaten zijn na 5 minuten grillen goed.

Dranktip: ijskoud bier (van Coopers of James Boag's) of een Shiraz (bijv. van McLaren Vale).

wijnland australië

Hunter Valley – het wijnwonder van Australië eens nader bekeken

De Hunter Valley is het gelukskindje onder de Australische wijnregio's. Het klimaat is hier fantastisch voor druiven en door de nabije ligging van Sydney heeft de vallei ook moeilijke tijden weten te doorstaan. Net op tijd voor de eeuwwisseling is het de regio gelukt om zich na een aantal magere decennia weer prominent op de wijnkaart te plaatsen. Een prima plek om de ups en downs van het Australische wijnwonder eens nader onder de loep te leggen.

Toen in 1788 de *First Fleet* met de eerste Britse strafgevangenen en een paar Zuid-Afrikaanse wijnstokken aan boord aanmeerden in Sydney Cove was Hunter Valley nog een ongerept gebied tussen de Atlantische Oceaan en de met eucalyptus begroeide heuvels. Ruim veertig jaar later ontdekte George Busby – de Australische oervader van de wijnbouw – deze regio voor de aanleg van de eerste wijngaard op het nieuwe continent in grote stijl. Het was hier 160 kilometer noordelijk van Sydney echter misschien wel te warm voor zijn project. Maar de kalk- en kleibodem en een bijzonder microklimaat schonken hem en zijn navolgers toch grote vinologische successen.

Ook Sydney was snel trots op deze wijngaarden in zijn achtertuin – naar Australische maatstaven gemeten – en maakte zich weinig zorgen over het feit dat in het midden van de 19^e eeuw in Victoria en in het zuiden en westen van Australië de wijnbouw vaste grond onder de voeten begon te krijgen. Zo was *the Hunter* lange tijd zeer tevreden met zichzelf. Door de kolenafbouw werd de regio rijk en het gebied gunde zich zelfs de luxe om grote delen als graasgronden voor het vee te bestempelen. Murray Tyrell – de patriarch van het meest beroemde wijngoed uit de regio – hield zich in het begin van zijn carrière zelfs nog liever bezig met veeteelt. Pas in 1959 ontdekte hij, op 38-jarige leeftijd, zijn passie voor wijn en wijnbouw en veranderde het wijnlandschap de daaropvolgende twintig jaar definitief.

Met Vat 47 presenteerde Tyrell in 1971 de eerste voor de handel aangebouwde Chardonnay van het continent en stond zo aan de wieg van de enorme *boom* die in Australië nog altijd aanhoudt met betrekking tot op het vat gerijpte Chardonnay. Down under geldt hij ook als pionier voor de aanbouw van Pinot Noir. Het Tyrell-landgoed in Pokolbin is sowieso een stuk wijnbouwgeschiedenis. Daar staat nog hetzelfde bouwvallige houten schuurtje waar in 1858 alles begon. In een open schuur liggen, zoals al sinds honderd jaar, houten vaten van ruw hout op een licht verlaagde bodem. Wijnkelders zijn ook vandaag de dag in Australië nog steeds een zeldzaamheid, de conservering van wijn is eerder de regel. Als nu de moderne wijnhal wordt betreden staat men oog in oog met de toekomst: enorme dicht op elkaar staande koelketels waarin een groot deel van de 500-600.000 *cases* afkomstig is die hier per jaar wordt geproduceerd. Van topklassewijnen tot bulkwijnen, deze vaten zijn echte alleskunners.

Wie van hieruit het dal overziet wordt niet het uit Europa bekende beeld van een wijnbouwregio voorgeschoteld; de Brockenback Range met zijn ware jungle aan eucalyptusbomen houdt dampend de wacht achter de eindeloze wijnranken, waartussen af en toe zelfs nog een kangoeroe

scharrelt. 'Wij breken met onze successen de meeste regels van grote wijnbouwgebieden,' zegt Murray Tyrell. 'Want het is hier eigenlijk veel te heet. Maar de kalkgrond is mooi droog en 's avonds trekt altijd wel een koel briesje over de *range*, waardoor de druiven kunnen afkoelen.' Verder bieden regenwolken in de namiddag vaak ook al wel enige beschutting tegen de felle zon, zodat Hunter-wijnen vooral gekenmerkt worden door een zeer sterk geconcentreerde vrucht. De rode Shiraz wordt hierdoor wonderlijk zacht, rond, licht en elegant, terwijl de Hunter Sémillon zich ontpopt als een zeer frisse, grazige wijn met citrustonen. In tegenstelling tot veel andere Sémillons uit Australië heeft deze de potentie om tot grote hoogte te rijpen. Kenners proeven na een rijping van circa tien jaren vooral amandel, honing en geroosterd witbrood, voorwaar geen slechte combinatie!

Maar in de jaren tachtig keerden al die bijzondere kenmerken zich opeens tegen Hunter Valley. Te veel nieuwe wijnmakers lieten alles te veel op z'n beloop en dachten dat de goede naam wel garant zou staan voor een prachtige omzet van Chardonnay in het wijnparadijs Australië, met Sydney als grootste afnemer. Zij begonnen ongeschikte wijnstokken op de verkeerde plaatsen te planten en worstelden als nieuwelingen met het uitzonderlijke klimaat. Alles moest voor hen draaien om de opbrengst. Veel grote wijngaarden kochten druiven op uit andere streken en de naam Hunter Valley verdween meer en meer van de wijnetiketten. The Hunter was voor de sydneysider een leuke bestemming voor een dagtripje geworden, waar misschien nog wel snel een doos niet al te bijzondere wijn werd aangeschaft, maar de echte wijnkenners keken allang weer verder. Het was een wijnregio zonder identiteit geworden, waarvan de kwaliteit ook achteruit holde. Zelfs de traditierijke Tyrell's moesten zich opeens slechte kritieken laten welgevallen, terwijl de positieve berichten nu van meer zuidwaarts kwamen. Uit Barossa Valley bijvoorbeeld, dat met zijn volmondige Shiraz en Sémillon net als de regio's in West-Australië steeds beter de juiste smaak wist te treffen. Of bijvoorbeeld uit de Yara Valley met zijn Pinot Noirs of de Clare Valley die terecht goede sier maakte met de verschillende herontdekte Rieslingsoorten. De poging van Hunter Valley om deze aanval te pareren met krachtige Shiraz in Barossa-stijl of boterige Chardonnay mislukte volledig. Fletse wijnen waren het geworden, veel meer was het niet. Dit zorgde ervoor dat zelfs de trouwste fans – de restaurantbezitters uit Sydney – Hunter Valley op een haar na teleurgesteld de rug toekeerden.

Indertijd werden goede Hunter-wijnen door restauranteigenaren uit Sydney gewaardeerd om hun lichtvoetigheid en intensiteit. Zij passen nu eenmaal goed in het concept van de nieuwe keuken van Australië van *flavour with lightness*. Op deze natuurlijke kracht concentreren zich nu dan ook de nieuwe jonge wijnbouwers in het dal, onder andere Murray Tyrells zoon Bruce, die nu de scepter zwaait over de familiewijngaarden. Ze zijn realistisch genoeg geworden om te beseffen dat ze bij blindproeverijen wijnen uit topregio's niet meer zullen kunnen verslaan. Maar bij een wedstrijd van fles tot fles op de eettafel maakt de nieuwe generatie Hunter-wijnen weer een goede kans. Daarbij komt ook nog eens de nieuwste trend in Australië dat in een regio gekeken wordt naar de beste en meest typeren-

wijnland australië

de producten. Het gaat er niet om hoe goed andere topproducten geïmiteerd kunnen worden.

Ian Burgess en Debra Moore bezitten met Moorebank een van de jongste wijngoederen van Hunter Valley. De biografie van dit jonge stel is typisch voor de nieuwe generatie: zij stamt uit een van de oudste families in *the Valley,* een familie die in 1860 al met wijnbouw begon. Hij was keldermeester bij een van de giganten in het dal en dacht in de jaren zeventig dat zelf wel beter te kunnen. Het paar kocht 6 tophectares land, die ver beneden hun waarde werden gebruikt. Vanaf het begin wilden ze alles halen uit dit stukje land. De ideale wijnstokken voor de ligging, handgesorteerde druiven, zachte persing en perfect kelderwerk moesten hier garant voor staan.

Verder staat milieuvriendelijke wijnbouw hoog in hun vaandel. 'Helemaal zonder hulpmiddelen wil het in dit klimaat nu eenmaal niet,' zegt Ian, terwijl hij de eerste flessen voor een wijnproeverij ontkurkt, 'dus biologische wijnen mogen we onze producten niet noemen.' Moorebank is een klein maar fijn landgoed, waar met compost en *mulch* in plaats van met chemische bestrijdingsmiddelen en onkruidverdelgingsmiddelen met liefdevolle handenarbeid de meest voortreffelijke wijnen worden geproduceerd.

Als Ian in zijn proeflokaal achter de bar staat, met vaste hand twee glazen grijpt en de wijn met losse maar geroutineerde *grandezza* in de glazen giet, dan is het duidelijk hoe goed de keldermeester zich in zijn nieuwe habitat op zijn gemak voelt. Met professionele hartstocht brengt hij een geanimeerd gesprek over wijn op gang, daarna volgt het zwijgen, draaien in het glas, snuffelen en dan de eerste slok – wow! De jonge Chardonnays en Sémillonwijnen bezitten een enorm potentieel en de zuivere Merlot maakt diepe indruk met zijn bessentonen en lichte finesse. Maar de grootste verrassing is de voor Hunter Valley zeldzame Gewürztraminer. Vroeg geoogst heeft deze wijn een bouquet dat wel doet denken aan veldbloemen, met een uitgesproken droog karakter. 'Dat is een wijn uit duizenden,' zegt de trotse wijnbouwer, 'die met gemak de degens kan kruisen met vederlichte, maar pittige gerechten uit bijvoorbeeld de Thaise keuken.' Opgelet dus, koks in Sydney!

Nog even over het eten. Hunter Valley blijft voor fijnproevers een van de beste bestemmingen in New South Wales. Bezoek in elk geval eens de *Hunter Valley Cheese Company* waar kaasmeester Rosalia Lambert een verbazingwekkende keuze kan aanbieden, van gerijpte geitenkaas in een aslaagje tot aan robuuste Pokolbin met rode schimmelculturen. En wie het er helemaal van wil nemen bezoekt de Pepper Tree Convent, een landhotel in Australische Jugendstil. In 1990 werd het in het hoge noorden van Australië van de slopershamer gered en 'verplant' naar de wijngaarden van Hunter Valley. In de prachtige rustieke zaal van Robert's Restaurant serveren Robert en Sally Molines een uitstekende Franse landhuiskeuken met mediterrane en moderne Australische invloeden. En de chef-kok prijst zich gelukkig als hij met Europese klanten het continent waar hij ooit vandaan kwam in gesprekken voor korte tijd weer in zijn fantasie mag bewonen.

lamb with macadamia nuts
lamskoteletten met macadamianoten

land of oz

Wie gek is op lamsvlees zal het aroma van lamsvlees uit down under helemaal geweldig vinden. Hier wordt het vlees geserveerd – in de geest van de nieuwe landhuiskeuken – met macadamianoten, een pittige paprikacrème en zoete aardappelen.

Voor de saus:
2 rode paprika's
2 teentjes knoflook
1 gedroogde chilipeper
2 el boter
2 el zwarte bonen, zie bladzijde 88
8 el donkere Chinese sojasaus
1/2 tl komijnzaadjes
1/2 tl venkelzaadjes
zout, suiker

Voor het vlees;
100 g geroosterd brood
100 g macadamianoten
100 g boter
2 el fijngesneden peterselie
1 el fijngesneden munt
8 lamskoteletten à 100 g
1 el olijfolie, zout

Verder:
250 g zoete aardappelen
250 g vastkokende aardappelen, zout
4 lente-uitjes
70 ml olijfolie
70 g boter

1 Was de paprika's, dep ze droog en verwijder de zaadlijsten en steelaanzet. Snijd de paprika's in stukjes. Pel de knoflook, snijd de teentjes fijn en verbrokkel de chilipeper. Smoor alles – samen met de bonen, sojasaus en groente – in boter in 8 minuten zacht. Pureer de inhoud van de pan en wrijf het mengsel door een zeef.

2 Snijd het geroosterde brood in stukjes, hak de noten grof en pureer beide fijn met de staafmixer. Verwarm de boter tot schuimig, laat het een beetje afkoelen en meng de afgekoelde boter door het mengsel van brood en noten. Voeg de kruiden toe en breng het mengsel op smaak met zout.

3 Pureer de beide aardappelsoorten en snijd ze in stukken. Was de lente-uien, maak ze schoon en snijd ze in stukken ter grootte van 4 cm. Kook de aardappelstukjes in water met wat zout in 15 minuten gaar. Verwarm de boter (1 eetlepel bewaren) en olie in een koekenpan en smoor hierin de lente-uitjes 5 minuten. Haal de uitjes uit de pan, giet de aardappelen af, stamp ze fijn en schep er het hete uienvet door.

4 Bestrooi de koteletten met zout en peper, bak ze aan weerszijden 1 minuut in de pan en laat het vlees daarna 5 minuten rusten naast het vuur. Bestrijk het vlees met de notenpasta en gratineer het vlees nog 5 minuten onder de grill met alleen hitte van boven. Verwarm de lente-uien in de boter, samen met de paprikacrème en het vleesnat. Serveer samen met de puree bij de koteletten.

Dranktip: Cabernet-Sauvignon of een Shiraz.

bushfoodpannenkoeken

wattleseed pancakes

Het aroma van deze fijngemalen zaadjes van de Australische *Victoria-wattlebush* doet wel wat denken aan de smaak van cacao, koffie en hazelnoot. Voor de Europese tong klinkt dit natuurlijk zeer smakelijk. Siroop van ruwe rietsuiker – in Australië *cockey's joy* genoemd – past hier uitstekend bij.

4 eieren, 2 eidooiers
80 g bloem
1 tl bakpoeder
1 volle el wattleseed-poeder
100 g zure room
1/8 l zoete slagroom
minimaal 100 g siroop van ruwe rietsuiker, of honing
zout
50 g boter

1 Splits de eieren en klop de eidooiers. Meng de bloem met het bakpoeder en de *wattleseeds*. Roer dit mengsel met de eidooiers tot een glad mengsel. Voeg vervolgens de zure room, vijf eetlepels zoete slagroom en vier eetlepels siroop van ruwe rietsuiker toe. Laat dit deeg 30 minuten rusten.

2 Verwarm de oven voor op 80 °C (heteluchtoven 70 °C, gasstand 1-2). Klop de eiwitten stijf met een snufje zout en klop daarna de resterende slagroom stijf. Schep de slagroom en de stijfgeklopte eiwitten door het beslag.

3 Verwarm een beetje boter in een pan tot het schuimt, schep 2-3 eetlepels beslag in de pan en verdeel dit al draaiend met het handvat over de bodem van de pan. Bak de pannenkoeken in 1-2 minuten goudbruin aan elke kant en houd ze opeengestapeld warm in de oven. De pannenkoeken smaken het beste met rijkelijk siroop.

Dranktip: cappuccino, gezoet met rietsuiker en bestrooid met wattleseeds. Een blikken mok met oploskoffie van het haardvuur, bijv. van het merk International Roast, doet het ook goed. Voor wie het wat stijlvoller wil: met een Australische muskaatwijn, port of tokay wordt ook geen modderfiguur geslagen.

anzac biscuits
veteranenkoekjes

Zelfs het leger heeft in Australië een zoete ondertoon. De Aussies hebben in elk geval hun beroemde koekjes genoemd naar het in de Eerste Wereldoorlog gevormde Australian and New Zealand Army Corps (A.N.Z.A.C.). Dit is een Australisch familierecept – ja, ook dat bestaat down under.

150 g havervlokken
120 g tarwebloem
70 g kokosrasp
180 g suiker
125 g boter
1 el siroop van ruwe rietsuiker
(mag in dit recept niet ontbreken)
1 1/2 tl natriumcarbonaat
(verkrijgbaar in de apotheek)
boter voor het bakblik
bloem voor de bakvormpjes

1 Meng bloem en havervlokken met de kokosrasp en de suiker. Smelt de boter samen met de siroop. Los het natriumcarbonaat op in 2 eetlepels kokend water en roer de gesmolten boter erdoor.

2 Verwarm de oven voor op 150 °C (heteluchtoven 140 °C, gasstand 1). Meng de droge ingrediënten met het hete botermengsel tot een glad beslag. Bestrijk het bakblik met boter en schep hierop met 4 cm onderlinge afstand een eetlepel beslag. Druk dit beslag met een in bloem gewentelde vork een beetje in.

3 Bak de anzac biscuits in de hete oven in 10-15 minuten gaar tot ze goudbruin zijn. Laat ze gedurende de nacht op een ovenrooster volledig afkoelen. Bewaar ze in de *bikkie tin* (Australisch voor koekjesblik). Ze smaken het beste als ze circa een week oud zijn, maar op 25 april zijn ze natuurlijk helemaal onweerstaanbaar, dan is het namelijk Anzac Day.

Dranktip: een kopje Darjeeling van eerste kwaliteit of voor echte patriotten een kopje Australische zwarte thee.

food of oz
de australische keuken in detail

Food of Oz

Wie in Australië lekker wil koken heeft een ware overvloed aan eersteklas ingrediënten tot zijn beschikking. Het bijzondere klimaat, de warme kustwateren, de emigranten uit het Middellandse zeegebied en Azië – dit alles samen heeft het continent tot de meest bonte marktplaats ter wereld gemaakt. De producenten, handelaren en fijnproevers zijn ervan overtuigd dat *100% Australian* een waardekeurmerk is waar een diepe buiging voor moet worden gemaakt. En eenmaal geproefd is dit niet ten onrechte. Tonijnsushi met ingelegde gember, een scampirisotto met olijfolie, een gesmoorde kangoeroe met bushtomaten, Stilton en port – hiervoor behoeft het continent niet meer verlaten te worden.

Typisch Australische ingrediënten in vogelvlucht

Seafood

De wateren van het tropische noorden tot aan de subarctische regionen zijn allemaal rijk aan verschillende soorten vis. Een van de meest edele vissen is de tussen de zoete en zoute wateren pendelende *barramundi,* die alleen gevangen mag worden in de kustgebieden van de Northern Territory (het beste vangstgebied) en delen van West-Australië en Queensland. De Atlantische zalm en de verwante *ocean trout* worden gekweekt in de kristalheldere wateren van Tasmanië. Andere specialiteiten zijn de *leng*, de *flathead*, de bijzonder fijne wijting en de *john dory* (St.Pierre). Verder komen de snapper en de wilde brasem veel voor. Tonijn wordt het meeste gevangen voor de oostkust en de *yellowfin tuna* meer in het zuiden en westen.

De *mud crab* is het pronkstuk van de schaaldieren in Australië, deze wordt net als de *spanner crab* gevangen in het noorden van Australië. Voor de kust van Tasmanië worden voorts koningskrabben gevangen. Kleinere exemplaren zijn de *blue swimmer crabs,* die aan bijna alle kusten voorkomen. Begripsverwarring heerst bij de seafoodklassieker van de Australische gastronomie: de langoest. Deze wordt meestal als *rock lobster* of *lobster* – kreeft – aangeboden, maar deze komt echter in de wateren van Australië niet voor. Soms wordt dit dier *crayfish* genoemd – schaaldier dus – en dat is wel een heel breed interpreteerbare naam. Regionale specialiteiten zijn de platte *balmain bugs* en de *moreton bay bugs*. Garnalen zijn in alle soorten en maten verkrijgbaar, van kleine exemplaren tot tijgergarnalen. Verder zijn Australische scampi en zoetwaterkreeften (*yabbies*, *marrons*) rijkelijk voorhanden.

De in de Japanse keuken op een voetstuk geplaatste abalonemossel wordt in Australië gretig gekweekt en gevangen. Ook oesters en st. jakobsschelpen (*scallops*) worden met graagte verorberd, vooral ook vanwege de gunstige prijs. Inktvis wordt in Australië ook veel geserveerd. De zachte witte babyoctopus wordt in zijn geheel gegaard, terwijl van de stevigere inktvissen en *cuttlefish* alleen het bovengedeelte wordt gegeten.

Vlees

De gegrilde steak en het in de oven gegaarde braadstuk zijn nog altijd iconen van de Australische keuken. Vlees is down under meestal van eerste kwaliteit en spotgoedkoop, waarbij rode vleessoorten de eerste viool spelen, terwijl kalf en varken ondergeschikte rollen zijn toebedeeld. De rundersteaks en het lamsvlees zijn in Australië bijzonder

aromatisch. Ondanks het feit dat men weinig varkensvlees bij de slager ziet, wordt het toch veel geconsumeerd, worstjes en ontbijtspek zijn hier het populairst. Gevogelte speelt een steeds grotere rol. Vleesschandalen komen in Australië zelden voor, wat best verrassend is gezien de dumpprijzen waartegen het vlees op de markt komt. Of zal dit toch wat te maken hebben met de *no worries*-mentaliteit van down under? Biologisch vlees wordt bij fijnproevers steeds populairder. Ook de bushfood-hausse heeft niet kunnen verhelpen dat het smaakvolle en magere kangoeroevlees in Australië toch nog meestal wordt beschouwd als voer voor honden en toeristen. De consumptie van vlees van buffel, krokodil of emoe laten de Australiërs ook liever over aan de bezoekers van overzee.

Vruchten
Het fruitpalet is iets waar de Australiër net zo trots op is als het aanbod aan zeebanket. Dit reikt van tropische mango's uit het noorden (er zijn achttien soorten in Australië) tot de appels van Tasmanië (de geboortegrond van Granny Smith, in totaal zijn er wel tweehonderd soorten).

Andere toppers zijn bananen die ook als *ladyfingers* in aromatisch miniformaat verkrijgbaar zijn en sinaasappels. De passievrucht is met afstand hét lievelingsfruit, deze valt niet weg te denken uit de legendarische *pavlova* (eiwitgebak met slagroom en vruchten), net zomin als uit verschillende andere desserts uit de Mod Oz Cuisine. De kiwi wordt als typisch product van Nieuw-Zeeland eerder stilzwijgend verorberd.

Exotische vruchten als *lychees, mangostane, nashi, ramboetan* of *tamarillos* behoren net zo goed tot de alledaagse kost als verschillende zuid- en citrusvruchten (vooral limoenen) en ananas. Andere klassieke vruchten uit Midden-Europa behoren ook tot het assortiment. Op de *fruitmarkets* wordt het fruit samen met ontelbare groentesoorten in enorme hoeveelheden aangeboden – niet vreemd eigenlijk als in ogenschouw wordt genomen hoe groot de plantages in Australië zijn.

Groente
De klassiekers van de Engelse groentetuin maken steeds meer plaats voor mediterrane en Aziatische groentesoorten. Pompoen en rode biet houden echter ook nog wel goed stand, net als vele andere knol- en koolgewassen. Maar ook tomaten, aubergines en paprika ontbreken natuurlijk niet. Chinese bladgroenten zoals paksoi of choi sum of het ons welbekende kousenband hebben hun plekje ook weten te veroveren. Al naargelang het seizoen zijn artisjokken, aubergines, bittermeloen, maïskolven, snijbiet en paddestoelen – van champignon tot *enoki* en alles wat daartussen zit –, radijsjes, groene asperges, zoete aardappelen en peultjes ook heel populair. Aardappelen zijn hip en vooral de Europese soorten doen het heel goed. In Tasmanië worden onderhand zelfs zwarte Périgord-truffels uit de grond gehaald.

Bushfood
Al gelden ook barramundi en kangoeroe als bushfood, hier gaat het toch meer om wilde oervruchten en -planten. Deze zijn duizenden jaren lang hoofdvoedingsmiddel voor de aboriginals geweest – van de Red Centre tot diep in de regenwouden – en werden tijdens de culinaire revolutie opnieuw ontdekt.

De zaadjes van veel woestijnplanten (*mulga*-boom, *flinders grass*) kunnen als meel en specerij worden gebruikt. Het populairst zijn de aromatische zaadjes van de *Victoria Wattle*, wattleseeds genaamd. Het beroemdste bushfood is zonder twijfel de macadamianoot, die pas wereldwijd bekend werd toen pientere planters deze naar Hawaï brachten en daar cultiveerden. Wortels van wilde planten worden in de bushfood-keuken veel gebruikt: bijvoorbeeld bushwortels, bush-uien of yamwortelen. Bushtomaten of -rozijnen zijn besjes van deels giftige nachtschadegewassen die alleen in gedroogde vorm te eten zijn. De meestal zeer kleine vruchtjes uit de woestijn zijn zeer intensief van smaak en erg voedzaam. Zoete smaken leveren de bloesems van de honing-grevilleen of de *rosella*. *Lemon myrtle* of *native peppermint* zorgen voor de pep.

Iets heel speciaals is de bushkokosnoot; een insect deponeert zijn larven in boomschors, wat een beschuttende woekering van het hout tot gevolg heeft. Op het goede moment gegeten gelden deze in 'noten' groeiende larven als fris tussendoortje tijdens een lange wandeling. Het vlees geldt als zeer voedzaam.

Kaas

Geen ander levensmiddel heeft in Australië zo snel aan populariteit gewonnen als kaas. Hoewel melk een belangrijke rol speelt in het voedingspatroon van Australië werd tot in de jaren tachtig bijna niets anders geproduceerd dan industrieel geproduceerde cheddar. Kaaspionier Richard Thomas bracht in 1982 Gippsland Blue op de markt en stond daarmee aan het begin van een kaas-*boom* die tot vandaag de dag voortduurt. Vooral in Victoria en Tasmanië produceren vele kleine en grote kaasmakerijen wel zo'n tweehonderd verschillende kaassoorten, allemaal naar voorbeeld van populaire Europese of Amerikaanse kazen. Cheddar blijft wel de nummer 1, maar camembert en brie zijn net zo gewoon op het Australische kaasplankje als blauw- of roodschimmelkaas, feta of geitenkaas.

De geitenkaas van Gabriella Kervella in Western Australia, de Heidi Farm Cheeses uit Tasmanië naar Zwitsers voorbeeld, kaas van King and Kangaroo Island en de Farmhouse Cheeses van Gippsland zijn hier de echte toppers. Je zou bijna vergeten dat de productie van rauwmelkse kaas in Australië nog altijd verboden is, zo intensief en lekker smaken deze kaassoorten.

Typische smaken en producten

Vegemite, een pasta op basis van brouwersgist en groente-extracten – vergelijkbaar met de in Nederland bekende Marmite – is het pronkstuk van de Australische levensmiddelenindustrie. Ieder Australisch kind wordt hiermee grootgebracht en de echte Aussie blijft dit beleg zijn hele leven trouw. Het sterke maggi-achtige aroma van dit gefermenteerde product heeft de Australiërs er in navolging van de Aziaten toe gebracht om ook bij andere producten het gistingsproces toe te passen. Gefermenteerde sojabonen (Black Beans) – geconserveerd met hele korrel of gedraaid tot een pasta en op smaak gebracht met knoflook –, diverse sojasauzen van zout tot zoet (als de Indonesische ketjapsoorten), oester- en vissauzen en garnalenpasta zijn daarvan het bewijs.

Andere Aziatische aroma's in de nieuwe Australische keuken zijn gember en de mildere *galgant* (vers, ingelegd of als poeder), *wasabi* (Japanse groene mierikswortel, als

pasta of poeder om aan te lengen, fris en zeer scherp), tamarindepasta (wordt met water verdund), palmsuiker, rietsuikersiroop, citroengras, de kaffirlimoen (geliefd vanwege de aromatische schil en de blaadjes), Aziatische munt en koriander. De voor sushi gebruikte norivelletjes worden uit (Australisch) gedroogd zeewier gewonnen.

Wijn

De wijnen uit Australië behoeven voor andere wijnen uit de nieuwe wereld niet meer onder te doen. Soms zijn ze in blindproeverijen zelfs beter dan hun Europese soortgenoten! Omdat Australische wijndrinkers vooral houden van een goede en jong drinkbare wijn van vertrouwde kwaliteit is het niveau constant hoog. Net als in veel andere landen wordt deze constante kwaliteit nauwgezet bewaakt, zodat de verschillende jaargangen vaak niet veel van elkaar verschillen. Dit zorgt er echter ook voor dat uitschieters verder naar boven toe een zeldzaamheid zijn. Maar met het groeiende zelfbewustzijn riskeren veel wijnmakers down under het weer om voor een topwijn echt alles op één kaart te zetten. Op deze gedurfde wijze ontstond ooit de beroemde Grange in de Barossa Valley.

Bij de witte wijnen ligt de Chardonnay aan de absolute top, deze wordt meestal gerijpt op houten vaten (*woodened*, in tegenstelling tot *unwoodened*). Adelaide Hills, Margaret River, Mornington Peninsula en Hunter Valley zijn de beste wijnbouwgebieden. Topklasse Sémillonwijnen – de typische druif voor Australië – komt uit de Hunter Valley (zonder rijping op houten vaten, maar wel lang houdbaar) en uit Barossa en Clare Valley. De Sauvignon Blanc van de Adelaide Hills en de McLaren Vale worden door wijnproevers hogelijk gewaardeerd en sterk in opkomst zijn de droge Rieslings uit de Clare en Eden Valley en uit Tasmanië. Verdelho uit de Hunter en Swan Valley spelen ook een belangrijke rol en de Gewürztraminer (Tasmanië en King Valley) en Pinot Gris (Mornington Peninsula) passen uitstekend bij exotische gerechten.

De nummer 1 onder de rode wijnen is de voor Australië typerende Shiraz, die vooral in Barossa Valley en in McLaren Vale maar ook in Hunter Valley wordt gecultiveerd. Goede regio's voor Cabernet Sauvignon zijn Coonawarra, Margaret River en Mudgee. Pinot Noir floreert in Yarra Valley, in Gippsland, op de Mornington Peninsula en in Tasmanië. Merlot komt uit Coonawarra en McLaren Vale is sterk in opkomst.

Verder worden in Australië uitstekende mousserende wijnen (ook van rode wijn), zoete wijnen als Boytritis Sémillon en muskaatwijnen, tokay en port geproduceerd.

Bier

Al zijn de bierdrinkers in Australië niet meer wat ze ooit waren, de ijsgekoelde slok uit de *stubbie* (375 ml fles met de meestal draaibare kroonkurk) is nog altijd een belangrijk onderdeel van het leven down under. Een consumptie van 126 liter bier tegen 26 liter wijn per hoofd van de bevolking per jaar zegt hier nog steeds genoeg. Australisch bier is gewoonlijk *lager*, sommige brouwerijen maken ook pils. Bier moet in elk geval altijd ijskoud zijn en mag in het glas niet te veel schuimen. Elke staat heeft zijn eigen biersoort waar men natuurlijk bij zweert. *Premium beers* die echt de moeite lonen komen o.a. van Cascade en J. Boag's uit Tasmanië, Coopers uit South Australia en Hahn uit New South Wales.

eten en drinken

Adressen

Niemand hoeft in de verleiding te komen om zomaar een beetje te gaan zwerven door dit onmetelijke land. We hebben ons bij de beschrijvingen van restaurants en pubs beperkt tot die Food of Oz-etablissementen die in dit boek al aan de orde zijn gekomen. Wie meer wil weten kan te rade gaan bij andere *food books* over Australië, die overal verkrijgbaar zijn.

Het internationale landennummer van Australië is 00 61.

De afkortingen betekenen:
NSW New South Wales
VIC Victoria
SA South Australia
NT Northern Territory
QLD Queensland

Eten

Paramount

Designicoon, testlaboratorium en hangplek voor de intellectuele scene, maar vooral een van de spannendste restaurants van Sydney. Christine Manfield krabt succesvol aan de grenzen van de fusionkeuken, terwijl Margie Harris zorgt voor de intieme en vitale atmosfeer. Probeer eens het *degustationmenu* en laat de wijnkeuze maar over aan het personeel.
73 Macleay Street, Potts Point, Sydney NSW, tel. 02-93 58 16 52
www.modernfood.com.au

Johnno's take away

Niet chique en volledig zonder pretenties, niets voor fijnproevers en ver weg van Sydney City. Maar wie de prachtige Northern Beach wil verkennen met tegelijkertijd een fantastische fish'n' chips én de Grote Oceaan binnen handbereik is hier aan het goede adres.
Hoek Narrabean Park Parade/Hunter Street, Warriewood, Sydney NSW

Richmond Hill Café & Larder

Delicatessenwinkel en café, Stephanie Alexander, de bekendste kokkin van Australië toont hier hoe het moet. 'De beste producten, op de beste wijze gepresenteerd,' dat is het credo in keuken, de kelder en de kaasruimte. En alles is altijd scherp geprijsd. Feta (met de hand ingelegd in olijfolie), ricottaravioli met salie, kippetjes in rodewijnazijn, chocoladeboter-pudding met mascarpone. Dat laatste klinkt misschien eenvoudig, maar smaakt sensationeel.
48 Bridge Road, Richmond, Melbourne VIC, tel. 03-94 21 28 08

Jacques Reymond's Restaurant

Met achterlating van een Michelin-ster in Frankrijk kwam Reymond begin jaren tachtig naar Melbourne en ontwikkelde daar met zekere hand zijn fascinerende Franse variant van de Mod Oz Cuisine. Een diner in zijn Victoriaanse villa behoort tot de culinaire *highlights* van Melbourne. Klassiekers zijn de in pandanblad gewikkelde gebraden kwartels met gerookte paling, dragon en koriander of de consommé oriental met babyinktvisjes en abalonemossel.
78 Williams Road, Prahran, Melbourne VIC, tel. 03-95 25 21 78

Red Ochre Grill

Hier kunnen de vruchten van de Australische woestijn in de stijl van de moderne Australische keuken worden geproefd. In Alice Springs is dit 's avonds hét trefpunt bij uitstek. Moedige eters proberen natuurlijk de krokodilconfit met ingelegde meloenaugurkpickles en behoudendere lekkerbekken kiezen voor een buffelsteak met Illawarapruimensaus, maar de sorbet van eucalyptushoning is voor iedereen een must.
Todd Mall, Alice Springs NT, tel. 08-89 52 96 14
Andere etablissementen in **Adelaide SA**: Ebeneser Place, Tel. 08-82 12 72 66 en Cairns QLD, 43 Sheilds Street, Tel. 07-40 51 01 00.

Drinken

Tyrell's Vineyard

Sémillon, Chardonnay, Pinot Noir en Shiraz zijn de belangrijkste druiven in dit gerenommeerde wijngoed op Hunter Valley, voorts spelen Verdelho en Riesling nog

leuke bijrollen. Tyrell's produceert topwijnen als de legendarische VAT-serie, maar ook prima wijntjes voor alledag, premium-sekt en zoete wijnen. In het proeflokaal kan naar hartelust geproefd en geprobeerd worden. Op aanvraag worden ook rondleidingen aangeboden.
Broke Road, Pokolbin NSW 2320, tel. 02-49 93 70 00
www.tyrells.com.au

Moorebank Vineyards
Dit jonge wijngoed dat zijn sporen in Hunter Valley al lang en breed heeft verdiend, zet in op hoge kwaliteit, een uitgelezen sortering van de druif en een werkwijze die dicht bij de natuur ligt. Het assortiment is klein, maar zeer, zéér fijn. Dit geldt voor de Sémillon, Chardonnay, Merlot, als ook voor de droge en de Boytritis-Gewürztraminer. In het proeflokaal van de typische *Boutique Vinery* kunnen ook specialiteiten als druivensaus of pickles worden geproefd en aangeschaft.
Palmers Lane, Pokolbin NSW 2320, tel. 02-49 98 76 10

Inkopen

Pontip
Een levensmiddelenwinkel die ook in Bangkok of Singapore gehuisvest zou kunnen zijn. Veel exotische vruchten en groentesoorten en talloze andere producten als verschillende palmsuikers en sojadeegvelletjes.
445 Pitt Street, Haymarket, Sydney NSW

Shiu on Tong
Chinese apotheek, waar liefhebbers en professionele koks gedroogde planten, vlees of vis komen halen om hun gerechten te perfectioneren.
22 Campbell Street, Haymarket, Sydney HSW

Simon Johnson
Dé delicatessenwinkel van Sydney met de nieuwste foodproducten, allemaal bereid met de beste ingrediënten van Australië en van de rest van de wereld. Een groot assortiment kazen, oliesoorten, patisserie en ingelegde groenten en fruit.
55 Queen Street, Woolhahra NSW, tel. 02-93 28 68 88

Simon Johnson leidt ook de gigantische food-supermarkt in Sydney GPO (1 Martin Place, City) en heeft winkels in de wijk Pyrmont (181 Harris Street) en in Melbourne (12-14 Davis Street, Fitzroy, Melbourne VIC)
www.simonjohnson.com

Sydney Fish Market
De *place to be* voor visfans in Australië. 70 ton verse zuidzeevruchten – tot wel tweehonderd soorten – worden hier op werkdagen aan de man gebracht. Dagelijks vanaf 7.00 uur zijn de viswinkels naast de veilinghal ook geopend. Tip: een *early morning breakfast tour* met een blik achter de schermen, waarbij ook de inwendige mens niet wordt vergeten. Of een lunch in een bootje met superverse sushi en spotgoedkope oesters. Een ware *seafoodschool* biedt een stoomcursus met topkoks en foodcritici uit de stad. Veiling ma-vr. dagelijks van 7.00-16.00 uur.
Bank Street, Pyrmont, Sydney NSW. Info en boekingen tel. 02-95 52 21 80
www.sydneyfishmarket.com.au

Queen Victoria Market
Historische markthallen waar alles te koop is wat Australiërs lekker vinden. Vers fruit en groente in overvloed, vers zeebanket, alle soorten vlees, lekker brood, met daartussen kraampjes met koffie, culinair fastfood en andere zaken die zo'n markt zo leuk maken. Een must voor *foodies* in Melbourne! Di & do 6.00-14.00 uur, vr 6.00-16.00 uur, za 6.00-13.00 uur, zo 9.00-16.00 uur
Elisabeth/Victoria/Perl Street, Melbourne VIC. Tours boeken onder tel. 03-93 20 58 22

Hunter Valley Cheese Company
De enige kaasmakerij in de omgeving – gelegen naast een wijngaard – produceert een verrassend goed en breed assortiment aan verse kazen, brie, geitenkaas en rode schimmelkazen. Seizoensspecialiteiten zijn ook altijd een aanrader. In het café kun je de kazen proeven onder het genot van een goed glas wijn.
McGuigan Cellars Complex, Mc Donalds Road, Pokolbin NSW, tel. 02-49 98 77 44

vakantie en boeken

Australian Native Fine Foods/Bush Tucker Supply
Dit complex van de bushfood-pionier Vic Cherikoff voert alles wat aan *native food* in Australië groeit en eetbaar is. Deels ook in blik verkrijgbaar! Gastronomen en mensen uit de hele wereld bestellen bij Vic. De website geeft goede tips over bushfood, speciale recepten en restauranttips.
30 Gordon street, Rozelle, Sydney NSW, tel. 02-98 18 28 00, fax 02-98 18 29 00
info@bushtucker.com.au
www.bushtucker.com.au

Basically Wild Edible Art
De meeste geëngageerde producenten werken samen met de Queensland Bushfood Cooperative. Het zijn ware meesters in de bereiding van sauzen, marinades en confitures van de oer-ingrediënten van Australië. Biologische verbouw en milieubewustzijn spelen een belangrijke rol. De producten worden ook naar Europa verscheept, waar de Duits-Australische bezitters lange tijd gewoond hebben.
182 Witta Road, Maleny QLD 4552, Tel. 07-54 94 49 70, Fax: 07-54 94 40 60
www.users.bigpond.com/BasicallyWild

Vakantie vieren

Pepper Tree
Dit plattelandshotel is ingericht in Jugendstil. Samen met de moderne Franse keuken van Robert's Restaurant behoort deze wijngaard tot een van de topadressen in Hunter Valley. Atmosfeer tot aan de horizon!
Halls Road, Pokolbin NSW, Convent, tel. 02-49 98 77 64, Roberts: Tel. 02-49 98 73 30

Alice Springs Desert Park
Een behoedzaam in het landschap ingebed natuurpark, waar een van de beste overzichten van de dier- en plantenwereld van de Red Desert wordt geboden. Regelmatig bushfood-rondleidingen. In het café en de winkel worden gerechten en producten van wilde planten aangeboden.
Larapinta Drive, Alice Springs NT, tel. 01-89 51 87 88

Lezen

Martin Symons
The Shared Table
De 'ideeën van de Australische keuken' van de foodfilosoof en praktijkervaringsdeskundige met toekomstblik Symons. Hij verduidelijkt de mysteries van de Oz-keuken en ontrafelt deze waar nodig. Ook in dit nieuwe millennium heeft hij nog niets aan actualiteit ingeboet.
282 p., AGPS Press 1991

Joan Campbell
Bloody delicious!
De *grand old dame* van de nieuwe Australische culinaire journalistiek. Zij staat aan de basis van het succes van de bladen van Vogue Entertaining Australia en werpt zich op als mecenas voor veel sluimerende sterren van de Mod Oz Cuisine. Haar culinaire memoires – inclusief haar lievelingsrecepten – tonen een stuk keukengeschiedenis van Australië van de jaren zestig tot vandaag de dag.
262 p., Allen & Unwin 1999

Alan Saunders
Australian Food
Steeds wordt weer geprobeerd om de keuken van Australië met behulp van gerenommeerde koks vorm en inhoud te geven. Dit is het compendium voor het nieuwe millennium, geschreven door een kenner en een scherp gekruid voorwoord.
224 p., Ten Speed Press 1999

Christine Manfield
Paramount Cooking
Paramount Desserts
Spice
Om de twee jaar verschijnt van de chef-kok van Paramount een nieuw boek vol magische recepten uit haar keuken. In haar jongste boek *Spice* treedt ze zelfbewust buiten de grenzen van Australië en maakt ons deelgenoot van

de wereld van kruiden, specerijen en aroma's.
Paramount Cooking, 176 p., 1995; Paramount Desserts, 176 p., 1997; Spice, 376 p., 1999, allemaal van Viking Australia

Neil Perry
Rockpool
Neil Perry is een van de oervaders van de nieuwe Australische keuken en als multi-gastronoom een van haar meest prominente vertegenwoordigers. Hij kookt tevens in toprestaurants in Londen – en geeft daar tips indien noodzakelijk – en helpt de Australische vliegtuigmaatschappij ook nog eens aan een lekker maaltje op hun dagelijkse vluchten. In zijn boek – genoemd naar zijn restaurant in Sydney – worden ontwikkelingen, ervaringen, basistechnieken en -recepten versmolten met de nieuwe Oz-keuken. Niets voor liefhebbers van trendy foodfotografie of navelstaarderij, dit is gewoon een standaardwerk onder de professionele kookboeken van Australië.
266p., William Heineman Australia 1996

Stephanie Alexander
Stephanie's Australia
The Cooks Companion
Wat Perry tegenwoordig is voor Sydney, was Stephanie Alexander lange tijd voor Melbourne: de drijvende kracht en het lichtende voorbeeld voor de foodscene. De vroegere boekhandelaarster en latere sterkokkin heeft een hele reeks kookboeken op de markt gezet. *Stephanie's Australia* brengt de producten en producenten van het continent voor het voetlicht. *The Cooks Companion* is een Australisch basiskookboek en een stukje keuken voor alledag.
The Cook's Companion, 824 p., Viking Australia 1998; Stephanies, Australia, 252 p., Charles E. Tuttle 1991

Jill Dupleix
New Food - Old Food
De meest trefzekere culinair journaliste van Australië staat met haar kookboeken altijd dicht bij de heersende trends en weet sommige trends zelfs te maken. *New Food* biedt Mod Oz Cuisine voor huiselijk gebruik en *Old Food* is een ode aan de klassiekers uit de oude wereld.
New Food, 224 p., Mitchell Beazley 1994; Old Food 240 p., Allen & Unwin 1998

Terry Durack
Yum
De meest prominente restaurantcriticus van Sydney beslist elke dag in de *Sydney Morning Herald* en jaarlijks in de *Good Food Guide* over leven en dood van restaurants in Sydney. *Yum* is een verzameling van bekentenissen, belevenissen en recepten uit het leven van een *foodie* in Australië. Goed, amusant en scherp geschreven. Ideale vakantielectuur voor lekkerbekken op rondreis door Australië.
304 p., William Heineman, Australia 1996

Vic Cherikoff en Jennifer Isaacs
The Bushfood Handbook
Jennifer Isaacs
A Companion Guide to Bushfood
Het handboek vertelt alles wat men altijd al wilde weten over geschiedenis, botanie, verzamelplaatsen, verbouw en gebruik van bushfood, gelardeerd met enkele recepten. De gids is een compact handboekje voor alle reizigers die zelf wel eens op bushfood-safari willen gaan.
The Bushfood Handbook, 208 p., Ti Tree Press Balmain 1991; A Companion Guide to Bushfood, 160 p., Lansdowne 1996

Anzac biscuits	82		**Mango Madness**	55
Veteranenkoekjes			Mango-granité	
Australian bruschetta	16		**Mate's meat pie**	62
Geroosterd brood met uien, gember en koriander			Vleespasteitjes voor ruwe bolsters	
Barbecue de luxe	72		**Mod Oz scampi cocktail**	43
Als fijnproevers hun gang gaan boven de grill			Scampicocktail	
Beach barbecue	51		**Old fashioned lime cake**	32
Inktvis, st. jakobsschelpen en garnalen van de grill			Limoentaart	
Bushtomato curry with melons	68		**Pasta, tuna and prosciutto**	20
Curry met meloen			Lintpasta met tonijn en parmaham	
Char-grilled salad with goats cheese	18		**Peaches Kylie**	34
Gegrilde groentesalade met geitenkaas			Perziken à la Kylie	
Christine's spiced duck	24		**Seafood laksa**	44
Christines gekruide eend met spinazie			Eenpansgerecht van zeebanket met kokosmelk en munt	
Fish'n' chips	48		**Snapper in banana leaves**	52
Een Australische lesje voor de Britse keuken			Snapper in bananenblad	
Girl's PC pie	64		**Spicy special**	26
Vleespastei voor echte vrouwen			Christines speciale kruidenpasta	
Ice cream spider	55		**Steamed seafood custard**	40
Smaakt beangstigend verfrissend			Gestoomde pudding van zeevruchten	
Kid's meat pie	65		**Stir-fried noodles with chicken**	21
Vleespastei voor stoere boyz en girlz			Noedels uit de wok met kip in honing en soja	
Lady's lunch	60		**Sydneys ratjetoe**	29
Als dames reizen			Sydney kan zo mooi en lekker zijn	
Lamb with macadamia nuts	78		**Tasmanian salmon with paperbark**	71
Lamskoteletten met macadamianoten			Tasmaanse zalm, gegaard in boomschors	
Lemon prawns	43		**Wattleseed pancakes**	81
Citroengarnalen			Bushfoodpannenkoeken	

recepten van a tot z